Sun Tzu es el nombre del autor al que la tradición ha atribuido el texto escrito en el siglo VI a. e. c. *Sūnzǐ bīngfǎ*, o *Método para la guerra del maestro Sūn*, más conocido en Occidente como *El arte de la guerra*. Se desconocen las fechas exactas de su nacimiento, y la ausencia de testimonios fehacientes ha generado muchas controversias al respecto. La primera nota sobre su persona aparece varios siglos después de su muerte, en la dinastía Hàn (202 a. e. c.-220 e. c.), de la mano del historiador Sīmǎ Qiān (145-90 a. e. c.). De acuerdo con sus apuntes, Sun Tzu fue un militar y estratega natural de Qí que participó en las campañas militares del reino de Wú durante el reinado de Hélǘ. Esos pocos datos han permitido datar su periodo de actividad entre los años 514 y 496 a. e. c. Sīmǎ Qiān destaca también que, gracias a Sun Tzu, el rey de Wú venció en el oeste al poderoso reino de Chǔ, mostró su poder en el norte a los reinos de Qí Jìn y extendió su fama entre los príncipes rivales.

SUN TZU

El arte de la guerra

Traducción y notas de
DAVID SEVILLANO LÓPEZ

PENGUIN CLÁSICOS

Papel certificado por el Forest Stewardship Council®

Título original: 孫子兵法

Primera edición con esta presentación: noviembre de 2025
Tercera reimpresión: abril de 2026

PENGUIN, el logo de Penguin y la imagen comercial asociada son marcas registradas
de Penguin Books Limited y se utilizan bajo licencia.

© 2024, 2025, Penguin Random House Grupo Editorial, S. A. U.
Travessera de Gràcia, 47-49. 08021 Barcelona
© 2024, David Sevillano López, por la traducción y las notas
Diseño de la cubierta: Penguin Random House Grupo Editorial / Laura Jubert
basado en el diseño de colección de Puffin Clothbound Classics de Penguin Random House UK
Imagen de la cubierta: © Celia Mallada

Printed in Spain – Impreso en España

ISBN: 978-84-9105-775-8
Depósito legal: B-16.321-2025

Compuesto en M. I. Maquetación, S. L.
Impreso en Liberdúplex
Sant Llorenç d'Hortons (Barcelona)

PG 5 7 7 5 8

El arte de la guerra

Capítulo 1

La planificación

計篇

El maestro Sūn dijo: La guerra es el asunto de mayor importancia del reino;[1] es el terreno de la muerte y la vida, es la vía de la supervivencia o la aniquilación, por eso debe analizarse de forma minuciosa.[2]

Para ello, se ha de planificar y tomar en consideración cinco factores, que deben calcularse por medio de un plan y en busca de condiciones adecuadas. Estos factores son: el primero, el *dào*;[3] el segundo, la climatología;[4] el tercero, el terreno; el cuarto, el liderazgo; el quinto, el método.[5] El *dào* es lo que permite que el pueblo y sus gobernantes estén cohesionados,[6] y hace que este los siga tanto en la muerte como en la vida, y no tendrá miedo al peligro. El clima comprende el *yīnyáng*[7] y el frío y el calor, que son el cambio de las estaciones;[8] a favor o en contra, estos condicionantes son la causa de que el ejército triunfe. El terreno es lejano o distante, accesible o inaccesible, ancho o estrecho, mortal o propicio. El general debe ser inteligente, fiel, benevolente, valiente y severo. El método consiste en la organización de las cadenas de mando, del cuerpo de logística y de la administración de los gastos. El general no puede ignorar estos cinco factores; aquel que los conoce triunfará, aquel que no los conoce fracasará. Por ello, calcularlo todo por medio de la planificación y la reflexión debe formar parte de su carácter. Además, se plantean estas cuestiones: ¿qué soberano posee el mayor *dào*? ¿Qué general posee las mayores capacidades? ¿A quién beneficiará más el Cielo y la Tierra? ¿Quién de ellos seguirá más las normas y ordenanzas? ¿Qué ejército es el más poderoso? ¿Qué tropas las más entrenadas? ¿Qué sistema de recompensas y castigos es el más inteligente?[9] Al responder a estas preguntas sabré quién vencerá o será derrotado.[10]

El general que escuche mis planificaciones y las emplee será quien triunfe y conserve su cargo de forma inevitable; el general que no escuche mis cálculos y no los emplee será derrotado y morirá inevitablemente. El general que por medio del conocimiento calcule los pros y contras llegará a tener el potencial estratégico que le auxiliará de cara a lo externo; el potencial estratégico es aprovechar las ventajas y gobernar según lo que sea conveniente.

La guerra es el arte[11] del engaño. Así pues, si se es capaz, hay que demostrar incapacidad; si se está preparado para el combate, hay que demostrar que no se está; si se está cerca, hay que demostrar que se está lejos; si se está lejos, hay que demostrar que se está cerca. Si el enemigo tiene una posición ventajosa, hay que embaucarlo; si está inmerso en el caos, hay que atraparlo; si es próspero, hay que prepararse; si es fuerte, hay que evitarlo; si está enojado, hay que provocarlo; si es humilde, hay que volverlo arrogante; si está relajado, hay que hacer que se esfuerce; si está cohesionado, hay que dividirlo; hay que atacarlo cuando no tenga reservas, hay que atacarlo cuando no lo espere. Estas técnicas son el medio para la victoria del estratega, pero no pueden transmitirse de antemano.[12]

Entonces el vencedor es quien, antes de la guerra, ha realizado cálculos en el templo ancestral y cuyas previsiones son, en muchos casos, cálculos favorables; el perdedor es quien antes de la guerra no ha realizado cálculos en el templo ancestral, o cuyos cálculos favorables son pocos. Quien haya reflexionado mucho vencerá, quien haya reflexionado poco no vencerá, ¡y mucho menos quien no haya reflexionado nada! Si lo vemos de esta manera, podremos llegar a discernir la victoria y la derrota.

Capítulo 2

Hacer la guerra

作戰

El maestro Sūn dijo: El método de toda guerra requiere de mil cuadrigas ligeras, mil carros de combate revestidos de cuero y cien mil soldados con armadura. Hay que contar con provisiones[13] para mil *lǐ*[14] de distancia en territorio enemigo, además de con los gastos que sufragar en la retaguardia y en el frente, así como con los derivados del uso de los legados y del dinero para la cola y la laca, necesarias en la reparación de carruajes y armaduras, lo que supone un gasto diario de mil piezas de oro. Así, solo después de reunir tal cantidad se puede movilizar a un ejército de cien mil soldados. Sin embargo, si se despliegan las tropas, pero la victoria tarda en lograrse, entonces estas se desmoralizarán y las armas perderán su eficacia,[15] si se le suma el sitio de una ciudad, esto rendirá sus fuerzas, y si además las tropas están en campaña por largo tiempo, entonces el presupuesto del reino se volverá insuficiente.

Así pues, si las tropas se desmoralizan, las armas pierden su eficacia, se consumen sus fuerzas y los recursos se agotan por completo, entonces los príncipes de otros reinos[16] aprovecharán[17] esta situación de desventaja y se alzarán. Ante esta situación, ni los estrategas más inteligentes podrán mejorar las consecuencias. Por ello, aunque hemos oído hablar de campañas militares torpes y rápidas,[18] todavía no hemos visto ninguna que, dirigida de forma hábil, se haya prolongado en el tiempo. Por consiguiente, todavía no ha existido una guerra prolongada y beneficiosa para el reino. Debido a esto, quien no comprenda completamente las desventajas del uso de la guerra no podrá obtener beneficios de su uso.

El buen estratega[19] no necesita realizar levas[20] de nuevo ni transportar provisiones una tercera vez; hace uso de los recursos del reino y se aprovecha de los suministros del territorio enemigo, de forma que el avituallamiento de las tropas es factible y suficiente. El ejército arruina el reino si se encuentra muy lejos, ya que el envío de provisiones a gran distancia empobrece a la población.[21] Si el ejército está cerca, se encarecen los precios; si se encarecen los precios, la riqueza de la población se destruye;[22] si la riqueza se destruye, la recaudación de impuestos será preocupante. Como consecuencia, las fuerzas se agotan y la riqueza se quiebra; en el interior de las llanuras centrales,[23] a las familias no les queda nada. Ante esta situación, los gastos hacen que la población pierda hasta siete décimas partes de sus bienes. Respecto a la utilización del erario, la reparación de los carruajes y el reemplazo de los caballos,[24] la reposición de armaduras y cascos, flechas y ballestas, lanzas y grandes escudos,[25] bueyes[26] y carros, todo ello cuesta hasta seis décimas partes de la recaudación.

De este modo, un general astuto busca las provisiones en territorio enemigo: un *zhōng*[27] de víveres del enemigo equivale a veinte *zhōng* de los nuestros; un *dàn*[28] de heno[29] del enemigo equivale a veinte *dàn* del nuestro.

Por esta razón, se debe recurrir a la furia para atacar al enemigo, y la toma de sus bienes será la recompensa de las tropas. Así, en la guerra con carros intentar capturar diez o más recompensa al primero que los obtenga. Hay que sustituir sus banderas e insignias por las propias, mezclar estos carruajes con los propios y conducirlos, ser bueno con los soldados capturados y alimentarlos, esto supone vencer al enemigo y aumentar la propia fuerza.

En consecuencia, en la guerra lo más valioso es la victoria: no es buena una campaña prolongada durante largo tiempo.

Esto supone que el general conocedor de la guerra controlará el destino del pueblo,[30] será el señor de la paz del reino y el responsable de la desgracia de sus familias.

Capítulo 3

La estrategia del ataque

謀攻

El maestro Sūn dijo: En toda guerra, la norma principal es preservar la integridad del reino antes que destruirlo, preservar el ejército antes que destruirlo, preservar los batallones antes que destruirlos, preservar las compañías antes que destruirlas, preservar los escuadrones[31] antes que destruirlos.[32] Por lo tanto, vencer cien batallas no es lo mejor; lo mejor es que se consiga derrotar a los soldados del enemigo sin llegar a luchar.[33]

Así pues, la mejor estrategia militar para vencer al enemigo es, en primer lugar, atacar sus planes; en segundo lugar, atacar sus alianzas; después, atacar sus tropas y, en último lugar, atacar sus ciudades. La táctica de atacar sus ciudades solo debe aplicarse cuando sea imprescindible. Esto se debe a que fabricar grandes escudos y carros de asedio, así como otras armas, puede tardar hasta tres meses en completarse; además, los montículos y terraplenes[34] adosados a las murallas también tardan tres meses en concluirse; si el general no vence su cólera y ordena atacar en masa como un pelotón de hormigas, conseguirá perder en combate a uno de cada tres guerreros y la ciudad no será sometida, lo que implicará el desastre del ataque.

Por consiguiente, el buen estratega somete a las tropas enemigas sin necesidad de que haya combate, conquista las ciudades de los enemigos sin necesidad de que haya un asalto, destruye el reino del enemigo sin necesidad de prolongar la campaña mucho tiempo. Así, será inevitable que, con sus tropas al completo, controle Todo bajo el Cielo,[35] y, gracias a ello, los soldados no se embotarán y la ganancia podrá ser completa. Este es el método de la estrategia del ataque.

La ley de la guerra consiste en que, si se supera al enemigo de diez a uno, hay que rodearlo; si es de cinco a uno, hay que atacarlo; si es de dos a uno, hay que dividirlo; si resiste,[36] se le podrá combatir; si se tienen pocas tropas, hay que ser capaz de evitarlo; si se está en inferioridad, hay que ser capaz de huir de él.[37] Por esto, si el ejército es inferior al enemigo, hay que resistir y, si es mayor que el enemigo, hay que capturarlo.[38]

El general es el armazón del reino. Si este armazón ayuda, entonces el reino será fuerte, pero si este armazón tiene fisuras, el reino será débil.

Debido a todo ello, son tres las situaciones por las que el soberano puede causar molestias al ejército: cuando desconoce que este no puede avanzar, pero decide que avance; cuando desconoce que no puede retroceder, pero decide que retroceda, esto supone atar[39] al ejército. Cuando desconoce los asuntos de los tres ejércitos[40] y unifica[41] su gobierno, entonces los suboficiales[42] se confunden. Cuando desconoce a los responsables de los tres ejércitos y sus funciones, y combina las tácticas de los tres ejércitos, entonces los suboficiales tienen dudas. Así pues, si los tres ejércitos están muy confundidos y con dudas, la incursión[43] de los señores de otros reinos llegará, y esto indica que un ejército confuso pierde la victoria.

Como consecuencia, hay cinco principios que permiten saber quién vencerá: aquel que sabe cuándo puede combatir y cuándo no será quien venza, el que sabe cómo emplear un ejército numeroso o uno reducido será quien venza. Quien unifica la voluntad del superior con la de los inferiores será quien venza,[44] quien permanece preparado mientras aguarda a un ejército enemigo no preparado será quien venza.[45] El que cuenta con generales capaces y soberanos que no interfieran[46] será quien venza. Estos son los cinco principios del método para saber quién vencerá.

Por eso se dice que quien conoce al oponente[47] y se conoce a sí mismo[48] cien batallas librará y no correrá peligro; quien no conoce al oponente, pero sí a sí mismo, ganará una vez y perderá otra; quien no conoce al oponente y no se conoce a sí mismo será vencido en cada batalla.

Capítulo 4

La forma

形

El maestro Sūn dijo: Los buenos[49] estrategas del pasado trataban primero de ser invencibles y esperaban a que el enemigo fuese vulnerable; la invencibilidad está en uno mismo, la vulnerabilidad está en el enemigo. Por lo tanto, los buenos estrategas pueden llegar a ser invencibles, pero no pueden causar la vulnerabilidad del enemigo, y por esta razón se dice: es posible conocer la victoria y, sin embargo, no poder alcanzarla.

La invencibilidad es aguardar; la vulnerabilidad es atacar. Se aguarda cuando las fuerzas son insuficientes, se ataca cuando son abundantes. El que bien aguarda se oculta bajo nueve capas de tierra, el que bien ataca se muestra a los nueve cielos. Debido a ello, es posible protegerse para alcanzar la victoria completa.

Prever la victoria, sin ir más allá del conocimiento general, no es lo mejor; vencer en la guerra, y obtener el elogio de Todo bajo el Cielo, tampoco es lo mejor; por ello, no es necesaria mucha fuerza para elevar un plumón otoñal,[50] no es necesaria la perspicacia para ver el sol y la luna, y no es necesario tener buen oído para escuchar el trueno. Antiguamente, aquellos a quienes se consideraba buenos estrategas eran los que vencían fácilmente. Como consecuencia, los buenos estrategas no tenían fama de inteligentes ni de haber peleado con valentía, pues sus victorias en batalla eran inequívocas. El hecho de ser inequívocas se debe a que tomaban las medidas necesarias para la victoria en el lugar apropiado y vencían de inmediato al enemigo, que ya sabían derrotado. Por lo tanto, el buen estratega se establece en un terreno donde no pueda ser vencido y no pierde la oportunidad de derrotar a su rival. Entonces, el ejército victorioso primero vence y después busca la batalla, el ejército derrotado primero combate y después busca la victoria. Aquel que emplea bien la guerra, cultiva el *dào* y preserva la ley[51] es el supervisor de la victoria y la derrota.

Las normas de la guerra son: primero, la medición del terreno; segundo, la estimación de las tropas; tercero, el cálculo de los efectivos; cuarto, la comparación de las fuerzas; quinto, las posibilidades de victoria. Del terreno surge la necesidad de medición, de la medición surge la estimación, de la estimación surge el cálculo, del cálculo surge la comparación, de la comparación surge la victoria. Por lo tanto, el ejército victorioso se asemeja a emplear un *yì* para pesar un *zhū*.[52] El ejército derrotado se asemeja a emplear un *zhū* para pesar un *yì*.[53] El vencedor, al enviar a los soldados al combate, se parece al acto de dragar el agua estancada en un valle de mil *rèn*[54] de profundidad, eso es la forma.

Capítulo 5

La potencia

El maestro Sūn dijo: Lo normal es que, gracias a la organización, se pueda gobernar a una multitud de soldados igual que a un número reducido de ellos. Un cazo[55] colmado es como un cazo escaso, pues este es tanto el nombre como la forma. La multitud de soldados de los tres ejércitos, gracias al empleo de lo extraordinario y lo regular, no serán derrotados necesariamente al ser atacados por el enemigo. Lo que aumenta la potencia del ejército y hace que sea como arrojar una piedra de afilar a un huevo[56] es el vacío y la plenitud de la situación.

Lo normal en la guerra es luchar en el campo de batalla por medio de tácticas regulares, pero se vence por medio de lo extraordinario. Así, aquel que es hábil actuando por sorpresa es tan ilimitado como el Cielo y la Tierra, tan inagotable como los ríos Chángjiāng y Huánghé.[57] El comienzo del invierno y del verano[58] son como el sol y la luna; la muerte y el renacimiento son como las cuatro estaciones. Solo son cinco los modos musicales,[59] pero no pueden llegar a escucharse todas sus combinaciones. Solo son cinco los colores, pero no pueden llegar a verse todas sus combinaciones. Solo son cinco los sabores, pero no pueden llegar a saborearse todas sus combinaciones.[60] Solo existen como método de combate lo extraordinario y lo regular, pero la combinación de ambos es inagotable. Lo extraordinario y lo regular se engendran mutuamente, como un ciclo sin fin, ¿quién podría agotar todas sus combinaciones? La potencia[61] es la rapidez del agua desatada que arrastra las piedras, la precisión es la rapidez del ave rapaz que destruye su presa. Por lo tanto, para el buen estratega, la fortaleza es su potencia, y la brevedad, su precisión. La potencia es como una ballesta[62] tensa, la precisión es como su disparador.

Si en el momento más confuso de la batalla, el buen general reduce el caos, no podrán confundirle; si en medio del mayor de los caos, el general adopta la disposición circular,[63] no podrá ser derrotado. El caos nace del orden, el miedo nace en la valentía, la debilidad nace en la fortaleza. Orden y caos dependen del cálculo. Valentía y miedo dependen de la potencia. Fortaleza y debilidad dependen de la forma. Por ello, si se muestra quien es bueno movilizando al enemigo, hará que este lo siga de forma irremediable; al ofrecerle un señuelo, el enemigo lo tomará de forma inevitable. Así, el buen general le muestra a su rival una ventaja, pero le aguarda con el ejército.

Por todo ello, el buen estratega busca la victoria en la potencia, no la busca en las personas; de esta forma, puede elegir a sus hombres y aprovecha cualquier situación favorable.[64] Las tropas de quien aprovecha una situación favorable serán como los troncos y las rocas rodando pendiente abajo. La naturaleza de los troncos y las rocas es inofensiva cuando están quietos, pero es peligrosa cuando se mueven; si son cuadrados, se paran, si son redondos, se mueven. Así pues, el potencial de los buenos combatientes debe ser como las piedras redondas al caer desde lo alto de una montaña; esa es la potencia.[65]

Capítulo 6

El vacío y la plenitud

虛實

El maestro Sūn dijo: Por lo general, aquel que va primero al campo de batalla para reunirse con el enemigo y espera al combate mantiene a su ejército descansado. El que llega después al campo de batalla para encontrarse con el enemigo y entabla combate de inmediato lo agotará. Como consecuencia, el buen estratega atrae al enemigo y no se deja atraer por su oponente. Conseguir que el enemigo llegue por sí mismo hasta el lugar que deseamos implica brindarle alguna ventaja; conseguir que el enemigo no pueda llegar al lugar que desea implica plantearle dificultades. De manera que si el enemigo está descansado, hay que ser capaz de agotarlo; si está saciado, hay que ser capaz de hacerle pasar hambre; si está tranquilo, hay que ser capaz de hacer que se mueva. Hay que emerger en el lugar apropiado, para que el enemigo tenga que apresurarse de manera irreparable y se precipite sin pensarlo a un lugar apropiado para nosotros.[66]

Quien se desplaza mil *li* y no está extenuado es porque se mueve por lugares donde no hay enemigos; el que ataca e inevitablemente captura al enemigo es porque ataca en el lugar apropiado, donde no se lo espera; el que aguarda y se mantiene firme en su defensa es porque espera en el lugar apropiado sin atacar. Por lo tanto, el que es bueno atacando es porque el enemigo desconoce el lugar apropiado donde aguardar; el que es bueno defendiendo es porque el enemigo no sabe dónde atacar.

Sutil, sutil, hasta llegar a ser imperceptible; inescrutable, inescrutable, hasta llegar a ser inaudible, así se logra controlar el destino del enemigo. Quien avanza y no puede ser controlado es porque ataca los puntos vacíos de la defensa enemiga; quien se retira y no puede ser perseguido es porque es rápido y no pueden alcanzarle. Como consecuencia, si se desea luchar, aunque el enemigo construya murallas altas y cave trincheras profundas,[67] no podrá rechazar nuestro ataque, hay que atacar donde necesariamente tenga que protegerse. Pero si no se desea atacar, dibuja una línea en el suelo y espéralo, el enemigo no podrá utilizar nuestro ataque: esto es aislarle en su territorio.

Así pues, si se logra que el enemigo muestre su forma y nosotros[68] no mostramos la nuestra, lograremos permanecer unidos y el enemigo se dividirá. Si nos agrupamos y somos una unidad mientras que el enemigo se divide en diez, por cada diez hombres unidos de los nuestros solo habrá uno de los suyos, por lo tanto, seremos una multitud y el enemigo será exiguo. Quien pueda vencer con una multitud a un enemigo exiguo hará que quien luche contra nosotros sea vencido.[69] El enemigo no podrá saber por qué lugar le atacaremos; si no puede saberlo, entonces deberá prepararse para defender muchos frentes; si el enemigo se prepara en muchos frentes, entonces los lugares donde ataquemos opondrán poca resistencia.[70] Por lo tanto, si el enemigo concentra sus fuerzas en el frente, en la retaguardia sus fuerzas serán escasas, y si las concentra en la retaguardia, en el frente serán insuficientes; si las concentra en el flanco izquierdo, en su flanco derecho serán exiguas, y si no hay un lugar en el que no las concentre, entonces no habrá un lugar en el que no sean escasas. El que posee tropas escasas es porque ha dividido a sus hombres; el que vence con una multitud es porque hace que el enemigo se divida.

Debido a esto, si se sabe el lugar y el día de la batalla, se pueden recorrer mil *li* y combatir; si no se conoce el lugar ni el día de la batalla, ni el flanco izquierdo podrá ayudar al derecho, ni el flanco derecho podrá ayudar al izquierdo, el frente no podrá ayudar a la retaguardia, la retaguardia tampoco podrá ayudar al frente, ¿y no será aún peor si los refuerzos están separados por diez *li* de distancia, o incluso por más *li*? Así creo que, aunque el ejército del reino de Yuè[71] sea numeroso, ¿cómo le beneficiaría eso para obtener la victoria o ser derrotado? E igualmente afirmo: la victoria puede alcanzarse pues, aunque el enemigo sea numeroso, puede negarse a pelear.[72] Esto implica que hay que planificar y conocer los pros y contras de los planes que se hagan, hay que hacer que el enemigo actúe y conocer el motivo de su comportamiento, hay que hacer que se muestre para conocer la viabilidad de su terreno y que compita para saber la abundancia o escasez de su hogar.[73]

De este modo, la mejor táctica en la guerra[74] es no tener apariencia; no tener apariencia hace que un espía oculto no pueda espiar y que un estratega inteligente no pueda planificar. Al adaptarse a la táctica del enemigo y ser capaz de manejarla, se vence a la multitud, y la multitud no puede comprenderlo; todos saben la forma en que hemos vencido, pero ninguno conoce las tácticas y la apariencia con las que hemos vencido; así pues, la victoria en la batalla nunca vuelve a ser igual, ya que al cambiar la situación del enemigo, las posibilidades son infinitas.

La apariencia militar[75] se parece al agua: la forma del agua evita lo elevado y se aproxima a lo bajo; la apariencia del ejército evita lo sólido y ataca lo hueco.[76] Tal y como el agua se adapta al terreno y esto hace que fluya, el ejército se adapta al enemigo y esto hace que venza. Así, al igual que el agua no posee una forma constante, el ejército no posee una situación fija; a quien puede adaptarse a los cambios del enemigo y obtiene la victoria se le llama espíritu preclaro.[77]

Los cinco movimientos[78] no siempre vencen, de las cuatro estaciones ninguna permanece siempre, el sol tiene fases de corta y larga[79] duración y la luna muere y crece.[80]

Capítulo 7

La lucha entre ejércitos

軍爭

El maestro Sūn dijo: Habitualmente, según las normas para el empleo de las tropas es necesario que el general reciba el mandato del monarca y, así, pueda reunir al ejército y movilizar a la población para que los adversarios se encuentren frente a frente, pero no hay nada más difícil que la lucha entre ejércitos. Lo complicado del enfrentamiento militar es tomar lo que es tortuoso y convertirlo en recto, tomar lo que es adverso y convertirlo en ventajoso. Por eso, si al persuadir con ventajas se logra que el enemigo haga de lo tortuoso su camino, aunque enviemos a nuestros soldados más tarde, llegarán antes. Esto es conocer la táctica de lo tortuoso y lo recto.

Por ello el enfrentamiento militar puede llegar a ser beneficioso, pero también convertirse en algo peligroso. Si se intenta movilizar por completo al ejército para luchar por una ventaja, entonces no se llegará a tiempo; si se abandona a parte del ejército y se lucha por una ventaja, entonces se abandonarán los pertrechos. Por lo tanto, si se logra que el enemigo enrolle sus corazas[81] y avance apresuradamente, sin descansar ni de día ni de noche, y se desplace día y noche a gran velocidad a lo largo de cien *lǐ* para luchar por una ventaja, entonces se capturará a los generales de sus tres ejércitos. Los que sean fuertes llegarán los primeros, aquellos que estén cansados llegarán después, solo uno de cada diez alcanzará el objetivo; si se logra que el rival avance durante cincuenta *lǐ* para que luche por una ventaja, entonces fracasará el general,[82] pues su objetivo solo lo alcanzarán la mitad de sus soldados; si lo hace durante treinta *lǐ* para luchar por una ventaja, entonces solo lo alcanzaran dos de cada tres. En consecuencia, el ejército que no tenga pertrechos será destruido; si no tiene provisiones, sucumbirá; si no tiene reservas, será devastado.

El que desconoce los planes de los príncipes rivales no podrá forjar alianzas; el que desconoce los montes y bosques, las dificultades de los caminos y la forma de las lagunas y marismas no podrá movilizar a su ejército; el que no puede guiar a su ejército no puede obtener ventajas del terreno.[83] Por lo tanto, en la guerra se establece una posición favorable por medio del engaño; para obtener ventajas hay que actuar y adaptarse por medio de la división y la unión.

Como consecuencia, *este es rápido como el viento, lento*[84] *como el bosque; devasta como el fuego, permanece inmóvil como las montañas; difícil de conocer como el Yīn,*[85] *variable como el rayo y el trueno.*[86] Al saquear los pueblos hay que dividir a las tropas, al expandir el territorio hay que repartir el beneficio; hay que sopesar los pros y contras y actuar,[87] el primero que conozca la estratagema de lo sinuoso y lo recto vencerá. Este es el método de la lucha entre ejércitos.

El libro de la *Administración del ejército*[88] dice: «Cuando las órdenes no las puedan oír cada uno de los soldados, entonces actuarán los tambores de guerra;[89] cuando la vista no sirva para organizar al ejército, entonces actuarán los estandartes y las banderas». Los timbales, estandartes y banderas son el medio por el que se aúnan los sentidos de las tropas; si el ejército permanece unido, ni el valiente avanzará en solitario ni el cobarde huirá en solitario. Este es el método para utilizar a los soldados. Así pues, en la batalla nocturna se necesita emplear mucho fuego y usar muchos tambores, y en la batalla diurna se necesita emplear muchos estandar tes y muchas banderas. Estos son los medios por los que se adaptan los sentidos de los soldados.

Debido a esto, a los tres ejércitos se les puede arrebatar su *qì*[90] y los generales pueden ser privados de su entendimiento. Por la mañana el *qì* del ejército es fuerte, a lo largo del día disminuye y al anochecer se agota; así pues, el buen estratega evita al enemigo cuando su *qì* es fuerte y lo golpea cuando su *qì* decae o se agota: esto es el control del *qì*. Por medio del control aguarda el desorden entre las filas enemigas, permanece en calma y a la espera cuando el enemigo es fuerte: esto es controlar el corazón.[91] Cerca del campo de batalla, hay que esperar al enemigo que está lejos; hay que esperar descansado al oponente que está agotado; esperar bien abastecido al rival desabastecido:[92] esto es controlar la fuerza. No hay que interceptar al oponente cuyos estandartes muestran una apariencia recta y ordenada, no hay que atacar a las tropas de aspecto majestuoso:[93] esto es controlar el cambio.

Así pues, el método para utilizar a las tropas exige que si el enemigo ocupa una montaña elevada, no hay que hacerle frente; si tiene a su espalda una colina, no hay que ir contra él; si finge ser derrotado, no hay que seguirle; si sus tropas son fuertes, no hay que atacarle; si sus tropas presentan un cebo, no hay que tragárselo; si el ejército enemigo se retira, no hay que detenerlo; si se sitia su ejército, hay que dejarle una puerta de huida; si el enemigo está desesperado, no hay que hostigarle. Este es el método para utilizar a las tropas.

Capítulo 8

Los nueve cambios

九變

El maestro Sūn dijo: *Habitualmente, según las normas para el empleo de las tropas es necesario que el general reciba el mandato del monarca y, así, pueda reunir al ejército y movilizar a la población.*[94] En terrenos de difícil acceso no hay que acampar, en terrenos de confluencia hay que establecer alianzas, en terrenos peligrosos no hay que detenerse, en terrenos asediados hay que emplear la estrategia, en terrenos mortales hay que combatir. Hay caminos que no hay que recorrer, hay ejércitos que no hay que atacar, hay ciudades que no hay que sitiar, hay terrenos en los que no hay que luchar, hay órdenes del soberano que no hay que aceptar.

Debido a ello, el general que conozca los beneficios de los nueve cambios sabrá emplear a sus soldados. El general que no conozca los beneficios de los nueve cambios, aunque conozca la topografía, no podrá obtener ventaja del terreno. Quien dirija las tropas y no conozca la técnica de los nueve cambios, aunque conozca los cinco beneficios,[95] no podrá obtener provecho de las personas.

Esto implica que la preocupación del general sabio será tener en cuenta las ventajas y las desventajas. Quien tiene en cuenta las ventajas hará que sus acciones sean creíbles; quien tiene en cuenta las desventajas podrá resolver los problemas. Así pues, derrotará a otros nobles[96] por medio del hostigamiento y estos le servirán con su trabajo y se le acercarán debido al beneficio. De esta manera, el método para comandar a las tropas no es confiar en que el enemigo no acuda, sino confiar en esperarle con los medios preparados; no confiar en que el enemigo no ataque, sino confiar en tener una posición que no pueda atacar.

Como consecuencia, existen cinco peligros para el general: si desprecia la muerte, puede ser asesinado; si desprecia la vida, puede ser capturado; si está enfadado e irritable, será desairado; si es honesto e íntegro, puede caer en desgracia; si ama al pueblo, será atormentado con muchas complicaciones. Habitualmente, son estas las cinco equivocaciones más comunes que cometen los generales, una catástrofe a la hora de emplear a las tropas. Estas equivocaciones aniquilarán a los soldados y asesinarán al general: inevitablemente, los cinco peligros no pueden obviarse.

Capítulo 9

Movilizar al ejército

行軍

El maestro Sūn dijo: Lo normal para posicionar al ejército frente al enemigo es atravesar las montañas siguiendo el curso de los valles, observar lo que crece en la montaña y asentarte en su parte alta y, al pelear en un terreno elevado, que no sea teniendo que ascender. Esto es el posicionamiento del ejército en una montaña.

Tras vadear un río es necesario alejarse del agua; cuando el enemigo va a cruzar el río y avanzar, no hay que enfrentarse a él en el interior del agua, sino permitir que la mitad vadee el río y entonces atacarlo, así es como se obtiene ventaja; quien desea combatir no debe estar junto al río para enfrentarse a un oponente, debe observar lo que crece en la montaña y asentarse en lo alto, nunca combatir en lo bajo del río. Este es el posicionamiento del ejército cerca de un río.

Al cruzar por una zona de marismas, hay que marcharse con urgencia y no permanecer allí, pero si los ejércitos se encuentran en medio de la marisma, es necesario posicionarse donde crezcan hierbas acuáticas y de espalda a donde haya muchos árboles. Este es el posicionamiento del ejército en una marisma.

En el terreno llano hay que establecerse en una posición cómoda y mantener, en el flanco derecho y en la retaguardia, un terreno elevado, en el frente la muerte y en la retaguardia la vida.[97] Este es el posicionamiento del ejército en un terreno llano.

Los beneficios generados por estas cuatro posiciones fueron los medios con los que Huángdì[98] derrotó a las Cuatro Divinidades.[99]

Por norma general, el ejército prefiere asentarse en una posición elevada y evita ocupar una posición baja; valora una ubicación soleada y desprecia una posición umbría; prioriza el asentamiento en un terreno de fácil aprovisionamiento para nutrirse y fortalecerse;[100] gracias a todo esto, el ejército no sufre las cien enfermedades[101] y, al mismo tiempo, estas son las razones por las que logrará vencer.[102] Donde haya colinas, montículos, diques y terraplenes, la tropa deberá asentarse en su vertiente soleada, y dejará a su derecha y a su espalda un terreno elevado.[103] Esto implica el beneficio para las tropas y permite sacar provecho de la tierra.

Si en el curso alto llueve, el río desciende con espuma;[104] quien desea vadearlo debe esperar a que esté en calma.[105] Es necesario irse urgentemente y no permanecer cerca de ningún terreno atravesado por arroyos, pozos celestes, prisiones celestes, redes celestes, trampas celestes o hendiduras celestes.[106] Debemos alejarnos de estos lugares[107] y atraer al enemigo hacia ellos; mantener este tipo de accidentes geográficos en nuestro frente y hacer que el enemigo los tenga a su espalda.

A veces el ejército debe atravesar pasos peligrosos, hierbas y maleza, juncos y cañas, arboledas y corrientes de agua ocultas,[108] lugares en los que poder esconderse de la vista de los rivales y donde poder espiarlos con cuidado; por ello, hay que explorarlos concienzudamente, dado que también son los lugares donde se posicionan los espías.

Si el enemigo está cerca, pero tranquilo, es que confía en su capacidad de resistencia; si está lejos y aun así nos desafía, es que desea que nuestras tropas avancen;[109] si está seguro en su posición, es que le resulta beneficiosa; si los árboles del bosque se agitan, es que avanza hacia nosotros; si el herbazal tiene muchos obstáculos, es que quiere confundirnos; si las aves alzan el vuelo, es que tiene preparada una emboscada; si las bestias salvajes huyen asustadas, es que intenta atacarnos por sorpresa;[110] si hay una polvareda elevada y afilada, es que vienen los carros de guerra; si hay a una polvareda baja y extensa, es que viene la infantería; si hay una polvareda desordenada y discontinua, es que están cortando leña; si hay una polvareda escasa, que viene y va, es que están construyendo un campamento; si el enemigo habla con humildad, pero aumenta su protección, es que quiere atacar; si el enemigo habla con fuerza y avanza rápidamente, es que quiere retirarse; si los carruajes ligeros parten primero y se posicionan en los flancos, es que toman posición de batalla; si carecen de acuerdo y piden la paz, es que el enemigo está planeando algo; si avanza apresuradamente y reúne tropas y carruajes, es que se reagrupa; si la mitad avanza y la mitad retrocede, es que quiere atraernos hacia él; si los soldados enemigos caminan apoyados[111] en sus armas y se detienen, es porque están hambrientos; si los aguadores[112] beben primero, es que sus tropas están sedientas; si pueden ver una ventaja y no avanzan para conseguirla, es que la tropa está exhausta; si las aves se posan,[113] es porque el campamento enemigo está vacío; si durante la noche gritan, es que tienen miedo; si el ejército alborota, es que el general carece de autoridad; si las banderas y confalones se agitan, es que reina el caos; si los oficiales se enfadan, es que están cansados; si dan grano a los caballos, la tropa come carne, el ejército no se preocupa por los cántaros[114] y no vuelve a su campamento, es que el enemigo está en apuros; si cuchichean y murmuran, caminan despacio y hacen comentarios, es que el general ha perdido la confianza de sus tropas; si se aumentan las recompensas, es que el general está atrapado; si se aumentan los castigos, es que se encuentra angustiado; si el general es violento y luego sus hombres le temen, es que carece de inteligencia; si el general enemigo viene a pedir disculpas, es que desea una tregua. Cuando las tropas enemigas muestran enfado al encontrarse con nosotros, pero durante mucho tiempo no actúan y no abandonan el campo de batalla, es necesario observarlas cuidadosamente.

En la guerra, la preponderancia no depende de la superioridad numérica y no hay que atacar dependiendo de la fuerza; es suficiente con mantener la cohesión, estimar y juzgar la situación del enemigo, y tener personas de confianza, eso es todo. Entonces, el que no se preocupa y subestima al enemigo será capturado por él de forma irremediable. Si el general todavía no se ha ganado el afecto de los soldados y les castiga, entonces estos no le obedecerán; si no le obedecen, entonces difícilmente les podrá emplear; igualmente, si al final se ha ganado el afecto de los soldados y les castiga de manera inadecuada, entonces tampoco podrá emplearlos. Por lo tanto, para que el general se lleve bien con los soldados, debe darles un trato humano[115] y ordenarles de forma marcial. Esto es necesario para controlarlos. Si da órdenes con la intención de educar[116] a la tropa,[117] los soldados obedecerán; si da órdenes sin la intención de educar a la tropa, los soldados no obedecerán. El que ordena con una intención digna será respetado y obedecido.

Capítulo 10

La configuración del terreno

地形

El maestro Sūn dijo: Por su configuración, el terreno puede ser abierto, intrincado, apuntalado,[118] angosto, peligroso y lejano.

Cuando tanto nosotros como nuestros rivales podemos avanzar, lo llamamos terreno abierto. En el terreno que tiene una configuración abierta, el primero que se asiente en la parte elevada y soleada, y que controle[119] las rutas de aprovisionamiento, se beneficiará cuando se entable combate.

Cuando podemos avanzar, pero nos es difícil retroceder, lo llamamos intrincado. En el terreno que tiene una configuración intrincada, si enviamos las tropas cuando el enemigo no está preparado, le venceremos; pero si le atacamos cuando parece estar preparado, no le venceremos y, al ser difícil regresar, no obtendremos ningún beneficio.

Cuando podemos enviar las tropas, pero no obtener beneficio, y el enemigo envía sus tropas, pero tampoco obtiene beneficio, lo llamamos terreno apuntalado. En el terreno que es de configuración apuntalada, si el enemigo pretende atraernos con algún señuelo,[120] no debemos enviar nuestras tropas; tenemos que atraerlo y hacer que avance, y si hacemos que el enemigo envíe la mitad de sus tropas, le venceremos. Esto es lo realmente beneficioso.

Debemos ser los primeros en ocupar el terreno de configuración angosta, es necesario controlarlo para allí esperar al enemigo; si el enemigo lo ocupa primero y lo controla, no hay que perseguirle, si no lo controla, entonces persíguele.

Debemos ser los primeros en ocupar el terreno de configuración peligrosa, es necesario asentarse en la parte elevada y soleada para allí esperar al enemigo; si el enemigo lo ocupa primero, tienes que atraerle y hacer que avance, no le persigas.

En el terreno de configuración lejana, si las fuerzas están igualadas, es arriesgado desafiar para batallar, pues enfrentarse no supone ningún beneficio.

Estos seis casos son el *dào* de la configuración del terreno; conocerlos es el deber más importante del general, que debe analizarlos de forma meticulosa.

Así pues, los males que pueden darse en los soldados son la huida, el relajamiento, el hundimiento, la desobediencia,[121] la rebelión y la derrota. Habitualmente, estos seis casos no son catástrofes enviadas por el Cielo, sino equivocaciones cometidas por el general.

Cuando las fuerzas están igualadas, se combate en una proporción de uno a diez y se ataca, entonces se producirá[122] la huida; cuando los soldados son fuertes y los oficiales son débiles, entonces se producirá el relajamiento; cuando los oficiales son fuertes y los soldados débiles, entonces se producirá el hundimiento; cuando los altos mandos son coléricos e insubordinados y, al encontrarse con un enemigo al que aborrecen, entablan combate de forma independiente y sin que el general sepa cómo remediarlo, entonces se producirá la desobediencia; cuando el general es débil e indigno, las instrucciones no son claras, los oficiales y la tropa son inconstantes y los soldados se despliegan libremente,[123] entonces se producirá el caos; cuando el general no puede estimar la situación del enemigo y con pocos soldados se enfrenta a muchos, por medio de un ejército débil intenta atacar al fuerte y la tropa carece de soldados de élite, entonces se producirá la derrota.

Estos seis casos son el *dào* de la derrota y es el deber más importante del general analizarlos de forma meticulosa.

La configuración del terreno puede ayudar al ejército. Estimar y juzgar al enemigo para conquistarle y hacerse con la victoria, calcular los peligros y riesgos, así como las distancias, son el *dào* del general. Aquellos que saben esto y combaten vencerán necesariamente, los que lo ignoran y combaten serán derrotados de manera irremediable.

Por lo tanto, si el *dào* de la guerra señala como inevitable la victoria, aunque el soberano diga que no hay que entablar batalla, deberás atacar sin dudar; en cambio, si el *dào* de la guerra no señala como inevitable la victoria, aunque el soberano diga que hay que entablar batalla, no se deberá atacar. Así pues, el general que avanza sin buscar renombre, que se retira asumiendo responsabilidades,[124] que solo busca proteger a los soldados, así como beneficiar y estar en armonía con el soberano es el tesoro del reino.

Cuando el general ve a los soldados como sus bebés, estos le apoyarán y seguirán hasta los valles más profundos; cuando el general considera a los soldados tal y como ama a sus hijos, estos se entregarán y le seguirán hasta la muerte. Pero cuando el general es demasiado amable con los soldados y no les asigna objetivos, cuando es demasiado benevolente y no les hace obedecer, cuando es caótico y no les puede gobernar, serán como hijos mimados,[125] en los que no podrá confiar al entrar en batalla.

Si sabemos[126] que nuestras tropas están en condiciones de atacar, pero desconocemos que el enemigo no está en condiciones de ser atacado, tenemos la mitad de posibilidades de vencer; si sabemos que el enemigo está en condiciones de ser atacado, pero desconocemos que nuestras tropas no están en condiciones de ser atacadas, tenemos la mitad de posibilidades de vencer; si sabemos que el enemigo está en condiciones de ser atacado y que nuestras tropas están en condiciones de atacar, pero desconocemos que la configuración del terreno no permite combatir, tenemos la mitad de posibilidades de vencer. De este modo, quien conoce a la tropa y actúa sin titubear movilizará a los soldados, pero no los agotará.

Por ello se dice: quien conoce al enemigo y se conoce a sí mismo vencerá y no será derrotado; quien conoce el Cielo y la Tierra[127] obtendrá una victoria completa.

Capítulo 11

Las nueve clases de terreno

九地

El maestro Sūn dijo: En el método para emplear al ejército hay que tener en cuenta el terreno de dispersión,[128] los terrenos despreciables, terrenos de confrontación,[129] terrenos abiertos, terrenos de encuentro, terrenos de paso peligroso,[130] terrenos de paso difícil, terrenos asediados, terrenos mortales.

Cuando los señores[131] proceden a luchar en su propio territorio, se considera terreno de dispersión; el terreno en el que los soldados penetran, pero no profundamente, se considera terreno despreciable; aquel en el que tanto nosotros como el otro obtenemos el mismo beneficio se considera terreno de confrontación; aquel al que podemos ir y el otro puede venir se considera terreno abierto; aquellos terrenos en los que se reúnen los señores,[132] donde el primero en llegar obtendrá las tropas de Todo bajo el Cielo,[133] se considera terreno de encuentro; aquel terreno en el que los soldados penetran profundamente, y dado que dejan en la retaguardia muchas ciudades fortificadas, se considera terreno peligroso; aquel terreno en el que se atraviesan montañas y bosques, con caminos arduos y obstáculos, con lagunas y marismas y, por lo general, con sendas difíciles de transitar, se considera terreno de paso difícil; aquel al que se accede a través de un desfiladero y cuyo regreso es tortuoso se considera terreno asediado, pues permite que, aunque los oponentes sean pocos, puedan atacar a hombres más numerosos; aquel territorio en el que se lucha arduamente y se sobrevive, o en el que se lucha sin vigor y se muere, se considera terreno mortal.

Ante esta situación, en el terreno de dispersión no hay que luchar, en los terrenos despreciables no hay que detenerse, en los terrenos de confrontación no hay que atacar, en los terrenos abiertos no hay que separarse, en los terrenos de encuentro hay que establecer alianzas, en los terrenos peligrosos hay que saquear, en los terrenos de paso difícil hay que avanzar, en los terrenos asediados hay que planificar y en los terrenos mortales hay que luchar.

Los que en la antigüedad eran llamados buenos estrategas podían hacer que el frente y la retaguardia del ejército enemigo no se mantuvieran unidos, que el grueso de sus tropas y comandos[134] no se prestaran apoyo mutuo, que las tropas, bien y mal equipadas,[135] no se ayudaran entre sí, que los de arriba y los de abajo no se cuidaran los unos a los otros, así, *los soldados estaban separados y no se agrupaban, los soldados cooperaban, pero no se mantenían unidos. Cuando convenía a su beneficio se movían. Cuando convenía a su beneficio se detenían.*[136]

Algunas personas se atreven a preguntar: «Cuando un enemigo es numeroso y permanece en una formación ordenada es que tiene intención de venir, ¿cómo se le espera?». A ello respondo: «Sé el primero y prívale del lugar que quiere, entonces obedecerá». El carácter[137] de la guerra es que esta ha de gobernarse de manera rápida, aprovecharse de la incapacidad del enemigo[138] y, por medio de un *daò*[139] inesperado, atacar donde no esté en guardia.

Por lo general, este es el método para actuar como invasor:[140] cuando se penetra profundamente, si tu ejército se mantiene unido, el gobernante enemigo no podrá someterte; saquea en los campos fértiles y los tres ejércitos[141] tendrán comida suficiente; cuida de que la tropa esté bien alimentada y de que no esté cansada, así mantendrán todo su *qì* y aumentarán su fuerza; despliega a los soldados recurriendo a estratagemas, actúa de forma que el enemigo no pueda prever tus movimientos.

Al enviar a tus propias tropas a un terreno desde donde no puedan ir a ningún otro lugar, preferirán morir y no ser derrotados, y si prefieren morir, ¿cómo no obtendrán la victoria?

Los oficiales y la tropa lucharán con todas sus fuerzas. *Si los soldados caen en una trampa, ya no tendrán miedo; si no hay lugar al que ir, se volverán fuertes; si han penetrado profundamente en territorio enemigo, estarán más unidos; si no tienen más remedio, lucharán.*[142]

Por este motivo, *aunque los soldados no tengan formación serán disciplinados, sin suplicarles obtendrán la victoria, sin estar atados se volverán cercanos, sin darles órdenes serán dignos de confianza,*[143] al prohibir los augurios y eliminar las dudas, los soldados permanecerán hasta la muerte sin ir a ningún otro lugar.

Si nuestros guerreros *no tienen riquezas en abundancia, no es por aversión a los bienes; si no tienen una vida larga, no es por aversión a la longevidad.*[144]

El día que se da la orden de partir a la batalla, *las lágrimas de aquellos soldados que estaban sentados mojan sus ropas,*[145] *las lágrimas de aquellos que están tumbados boca arriba surcan sus mejillas.*[146] Pero aquellos a los que envíes a una situación sin salida serán valientes como Zhuān Zhū[147] y Cáo Guì.[148]

Así pues, el buen estratega ha de ser similar a Shuàirán.[149] Shuàirán es una serpiente del monte Cháng:[150] si se ataca su cabeza, la cola llega en su ayuda; si se ataca su cola, la cabeza llega en su ayuda; si se ataca el centro de su cuerpo, la cabeza y la cola llegan juntas en su ayuda. Algunas personas se atreven a preguntar: «¿Los soldados pueden actuar como la serpiente Shuàirán?». A lo que respondo: «Pueden». Aunque los hombres de los reinos de Wú y Yuè[151] se odian mutuamente, si coincidieran en la misma barca y, cruzando un río, se desencadenara una tormenta,[152] se ayudarían entre ellos con ambas manos. Por eso, se atan los caballos y se entierran las ruedas de los carros,[153] no es suficiente la confianza; lograr que los soldados trabajen juntos como si fueran uno es el método para gobernar el ejército; para la gestión del territorio, todos, fuertes o débiles, son necesarios. En consecuencia, el buen estratega debe ser capaz de llevar de la mano a sus soldados como haría con un solo hombre, para que así no tengan más remedio que seguirle.

En los asuntos militares el general ha de mostrarse impenetrable para parecer inescrutable, ha de ser severo para imponerse. Puede engañar los sentidos[154] de sus soldados para que permanezcan en la ignorancia; modificar por sorpresa los planes de campaña, cambiar las estrategias, para generar entre los hombres el desconocimiento; puede cambiar el campamento de ubicación, emplear caminos tortuosos, para que los hombres no consigan anticiparse. Cuando es el momento de dirigir a las tropas a combatir, debe actuar como si fueran a ascender a un punto elevado y luego fuera a eliminar su escalera; cuando se dirige a combatir penetrando profundamente en el territorio de otros príncipes y dispara el gatillo de su ballesta, incendia las naves y rompe las ollas,[155] debe actuar como el pastor de un rebaño de ovejas, que las lleva y las trae sin que estas sepan a dónde. Reunir a las tropas de los tres ejércitos y lanzarlas a un terreno peligroso, estos son los asuntos que incumben al general.

Tanto los cambios en los nueve tipos de terrenos, como las ventajas de la retirada y el avance de las tropas,[156] así como la naturaleza de los sentimientos humanos, deben analizarse minuciosamente.

Habitualmente, el método que hay que emplear para la invasión consiste en penetrar profundamente en el territorio enemigo, pues el ejército está más unido; cuando se penetra de manera somera, está más dividido.

El ejército que sale del reino y cruza la frontera se encuentra en un terreno peligroso. Aquel que llega a un lugar accesible desde los cuatro puntos cardinales se encuentra en un terreno de encuentro. El que penetra profundamente se encuentra en un terreno peligroso. El que penetra someramente se encuentra en un terreno despreciable. El que en la retaguardia mantiene a un enemigo robusto, y en el frente tiene terreno angosto, se encuentra en un terreno asediado. El que está en un lugar sin escapatoria se encuentra en un terreno mortal.

En el terreno de dispersión tenemos que guiar[157] a la tropa para unir su voluntad, en el terreno despreciable tenemos que guiar a los soldados para fomentar su cohesión, en el terreno de confrontación tenemos que guiarles para reforzar su retaguardia, en el terreno abierto tenemos que guiarles para cuidar sus defensas, en el terreno de encuentro tenemos que guiarles para fortalecer las alianzas, en el terreno peligroso tenemos que guiarles para seguir asegurando los suministros, en el terreno de paso difícil tenemos que guiarles para seguir avanzando por la ruta, en el terreno asediado tenemos que guiarles para bloquear las salidas, en el terreno mortal tenemos que guiarles para mostrar que estamos dispuestos a morir con ellos.

Por consiguiente, el carácter de los soldados hace que, al estar asediados, resistan; cuando no tengan más remedio, luchen; cuando estén en peligro, obedezcan.

Quien no conoce los planes de los príncipes rivales no puede preparar sus alianzas; quien no conoce la forma de las montañas y los bosques, los peligros y las dificultades y las lagunas y marismas no puede movilizar a sus tropas; quien no utiliza a los guías locales no podrá obtener las ventajas del terreno. Quien desconoce alguno de estos cuatro o cinco puntos no logrará ser el señor supremo del ejército. Cuando el ejército del señor supremo ataca un gran reino, no permite que este congregue a sus tropas; muestra su gran poder al enemigo y no permite que sus alianzas se desarrollen plenamente. Por esta razón, no lucha por el apoyo de Todo bajo el Cielo,[158] no nutre a los poderosos de Todo bajo el Cielo, confía en sí mismo y muestra su poder para intimidar al enemigo, de modo que podrá conquistar sus ciudades y destruir sus reinos.

Hay que conceder recompensas que no estén en las leyes, emitir órdenes al margen de las del gobierno, emplear a los soldados de los tres ejércitos haciendo que actúen como una sola persona. Hay que emplearlos para los asuntos que se hayan planificado, pero sin darles explicaciones; emplearlos para que obtengan beneficios, pero sin informar de los peligros. Hay que arrojarlos a un terreno peligroso y resistirán, al hacerlos caer en un terreno mortal sobrevivirán. Si todos los soldados corren peligro, podrán alcanzar la victoria.

Ocuparse de los asuntos de guerra es examinar de cerca las intenciones del enemigo, *agrupar al enemigo en una ubicación, a mil* li *matar a su general,*[159] esto es alcanzar los objetivos como corresponde. Por lo tanto, el día que se ordena movilizar a las tropas *hay que cerrar las fronteras y romper los*

salvoconductos,[160] *no dejar abierto el paso a los emisarios, aren-*
gar a la tropa en el palacio del soberano, imponer orden en sus
actos. Si el enemigo abre las puertas, hay que atacar con rapidez
y sin duda, apoderarse de aquello que ame, desee, y ocultar la
fecha en la que se combatirá, hay que *devastar*[161] *las reglas y*
adaptarse al enemigo, así se conseguirá la batalla definitiva.[162]
Por consiguiente, *primero hay que comportarse como una*
doncella virginal y los enemigos abrirán sus puertas, después
hay que ser como un conejo veloz y el enemigo será incapaz de
defenderse.[163]

Capítulo 12

Atacar con fuego

火攻

El maestro Sūn dijo: Por lo general, hay cinco formas de atacar con fuego, la primera es quemar a los soldados,[164] la segunda es quemar las provisiones, la tercera es quemar los carruajes, la cuarta es quemar los almacenes, la quinta es quemar los convoyes. *Para la utilización del fuego es necesario que haya un motivo, humo y fuego necesitan preparación, iniciar el ataque con fuego tiene sus horas propicias, encender un fuego tiene sus días apropiados.*[165]

El tiempo es propicio cuando el cielo está seco; los días son apropiados cuando la luna está en las constelaciones de la Criba,[166] la Muralla,[167] el Ala[168] y el Carruaje:[169] cuando rigen estas cuatro constelaciones es cuando sopla el viento.

Por lo general, para atacar con fuego es necesario aprovechar los cinco cambios del fuego e intervenir. Cuando el fuego se propaga en el interior del campamento enemigo, responded desde fuera con rapidez. Cuando el fuego se propaga y la tropa está tranquila, esperad y no ataquéis; cuando las llamas lleguen a su punto máximo, si podéis atacar, hacedlo, pero si no podéis, deteneos. Cuando el fuego se expande desde fuera, no esperéis a que prenda dentro, aprovechad el momento apropiado y propagadlo.

El fuego se propaga a favor del viento, no ataquéis en contra del viento. El viento que sopla largo tiempo durante el día, por la noche cesa. Es necesario que el ejército conozca los cinco cambios de las formas de atacar con fuego, ya que hay que calcularlas para estar en guardia.

Por consiguiente, quien se auxilia en combate por medio del fuego es inteligente, quien se auxilia en combate por medio del agua es poderoso; el agua puede separar, pero no puede arrebatar.

Vencer en la batalla y conquistar al enemigo, pero no conservar la hazaña, es algo terrible. A esto se le llama: derrochar lo guardado. Así pues, el soberano inteligente planifica, el buen general conserva, sin beneficio no se mueven, sin poder obtener la victoria no emplean al ejército y sin peligro no combaten. El soberano no puede enfadarse y movilizar a las tropas, el general no puede sentir resentimiento y presentar batalla; cuando es conveniente y beneficioso, entonces deben movilizarse, pero si no es conveniente ni beneficioso, entonces deben detenerse. El enfado puede volverse alegría, el resentimiento puede volverse felicidad, pero el reino destruido no puede volver a existir, lo que ha muerto no puede volver a nacer. Por ello, el soberano inteligente es cauteloso, el buen general está alerta. Este es el *dào* que conduce a la paz del reino y a la preservación del ejército.

Capítulo 13

Utilizar espías

用間

El maestro Sūn dijo: Movilizar a un ejército de cien mil hombres y enviarlos de expedición a mil *li* supone un gasto para la población y un desembolso del erario, al día se gastan mil unidades de oro;[170] dentro y fuera del reino se genera malestar e inquietud, la población se cansa al ir de un lado a otro en los caminos y setecientas mil familias no pueden realizar sus labores.

Quienes batallan durante varios años para tratar de alcanzar la victoria luchando un solo día ahorran[171] títulos y emolumentos, e incluso cien unidades de oro, y además desconocen los sentimientos del enemigo muestran una gran falta de benevolencia.[172] Si se comporta así, no es el general adecuado para sus hombres, no es el consejero adecuado para su soberano, no es el soberano adecuado para la victoria.

Por lo tanto, el soberano inteligente y el general hábil toman medidas y vencen a sus enemigos, quien logra el éxito al salir de expedición con los soldados lo consigue gracias al conocimiento previo de la situación del enemigo. En cuanto al conocimiento previo, no puede proceder de fantasmas y divinidades,[173] no puede provenir del parecido a otras situaciones, no puede provenir de indicios y cálculos; en consecuencia, es necesario tener a alguien entre las filas enemigas, pues será quien conozca sus sentimientos.

Por lo tanto, hay cinco tipos de espías que pueden emplearse: los espías locales, los espías internos, los espías dobles, los espías muertos[174] y los espías vivos.[175] Cuando los cinco tipos de espías actúan de forma conjunta y nadie conoce su *dào*,[176] a esto se le llama hilo divino,[177] es el tesoro del soberano.

Los espías locales son personas nativas[178] a las que se aprovecha y se emplea;[179] los espías internos son funcionarios del enemigo a los que se trata de utilizar y emplear; los espías dobles son los espías del enemigo a los que se trata de aprovechar y contratar; los espías muertos son los que se utilizan para mentir sobre nuestros asuntos en el extranjero; hacemos saber información falsa a nuestros espías y estos la transmiten a los espías del enemigo; los espías vivos son los que regresan con noticias.

Así pues, en los asuntos relativos a los tres ejércitos, nadie debe ser más querido que los espías, ninguna recompensa debe ser más generosa que la de los espías y ningún asunto más secreto que el empleo de los espías. Quien no sea un Santo[180] o sabio no podrá utilizar espías, quien no sea benevolente y justo no podrá enviar espías, quien no sea sutil y profundo no podrá obtener resultados del uso de los espías. ¡Sutileza! ¡Sutileza!, ¡sin ella no se puede emplear a los espías!

Si los asuntos relacionados con los espías todavía no se han manifestado, pero ya se están escuchando, tanto el espía como quien ha informado deben morir. Por norma general, del ejército al que se desea atacar, de la ciudad a la que se desea sitiar, del rival a quien se quiere matar, es necesario conocer primero el apellido y nombre[181] de su general encargado de la defensa, de sus cortesanos,[182] de su ordenanza,[183] de sus guardianes de las puertas[184] y de sus sirvientes;[185] por ello, hay que ordenar a nuestros espías que, de forma obligatoria, les investiguen y conozcan.

Es imprescindible estudiar a los espías del enemigo que han venido a espiarnos, aprovechaos de ellos y beneficiadlos, utilizadlos y alojadlos, y así, como con los espías dobles, podréis beneficiaros y emplearlos. Al aprovecharse de estos y de lo que conocen, podréis capturar o reclutar a los espías locales e internos. Al aprovecharse a estos y de lo que conocen, podréis mentir al enemigo por medio de los espías muertos, a los que se nombra para transmitir información falsa sobre nuestros propios asuntos. Al aprovecharse de estos y de lo que conocen, los espías vivos podrán actuar según lo planificado. El gobernante debe conocer las actividades de los cinco tipos de espías y, para poder conocerlos, hará uso esencialmente de los espías dobles, de manera que debe ser generoso con estos.

En el pasado, si la dinastía Yīn prosperó, fue porque Yī Zhì[186] actuó a su favor en el seno de la dinastía Xià; si la dinastía Zhōu prosperó, fue porque Lǚ Yá[187] actuó a su favor en el seno de la dinastía Yīn. Por tanto, solo el soberano inteligente y el general hábil pueden conseguir hombres sabios para que actúen como espías, así lograrán la victoria de grandes gestas de manera inevitable. Esto es lo esencial en la guerra, es de lo que los tres ejércitos dependen y por lo que actúan.

Notas a *El arte de la guerra*

1. *Guó* [國]. Aunque en algunas publicaciones se ha interpretado este carácter como «país» o «Estado», por el periodo en que fue compuesto el texto, aquí se entiende como «señorío» o «reino». El motivo es doble: por un lado, el carácter hereditario de la autoridad política, independientemente de la nomenclatura exacta utilizada para cada Estado, pero por otro lado y principalmente, por el hecho de que la tradición indica que Sūnzǐ fue general del rey Hélǘ [闔閭] (514-496 a. e. c.) y la crítica filológica fecha la composición de la obra, al menos en su estado actual, a comienzos del periodo de los Reinos Combatientes [戰國] *Zhànguó* (476-221 a. e. c.), cuando a partir de la forma del estado se constituyeron en una serie de reinos. Por su parte, el carácter *guó* [國] es el resultado de la combinación de *huò* [或], que está formado por el área de una ciudad y por un arma antigua *gē* [戈], inserto en el carácter *wéi* [囗], lo que simboliza la frontera del territorio controlado por el rey (Sevillano-López y Zhāng Sōng, «El primer registro del nombre de China: La inscripción de He Zun (何尊)», *Boletín del Archivo Epigráfico*, vol. 4, 2019, pp. 130-131).

2. *Bùkě bù* [不可不]. Equivale a «no debe no» (seguido de un verbo), y es una expresión común en el chino clásico y se emplea hasta en seis ocasiones a lo largo del texto para indicar que debe cumplirse escrupulosamente aquello que siga a esta expresión. De esta forma, el autor presenta como un hecho imposible contravenir sus palabras.

3. *Dào* [道]. Es un carácter polisémico, de sobra conocido y de difícil traducción. Este sinograma puede ser tanto el «camino» o «vía», como el «método», «teoría» o «principio empleado para reali-

zar algo». Por lo tanto, es un concepto que engloba lo real y lo abstracto en sí mismo, un ente creador que garantiza la viabilidad de un acto (Jullien, *Tratado de la eficacia*, Madrid, Siruela, 1996, p. 39). Por ello, dado que se emplea hasta en veinticinco ocasiones a lo largo de la obra, y aunque se suele entender como «método» en muchas de ellas, se ha preferido no hacer una traducción de este. A. Galvany, siguiendo al sinólogo francés J. Levi, traduce *dào* por «virtud» (*El arte de la guerra*, Madrid, Trotta, 2002, pp. 107 y 110-111). Por su parte, L. Ramírez lo traduce como «la virtud del gobernante» (*El arte de la guerra de Sunzi. Edición bilingüe. Versión restaurada a partir del manuscrito de Yingqueshan*, Madrid, Esfera de los Libros, 2006, p. 94).

4. *Tiān* [天]. Se trata de un concepto polisémico que puede ser interpretado de múltiples formas cuyo significado original es «lo que está encima o el Cielo», pero que con el tiempo adquirió otros valores como «la naturaleza», «las estaciones» o «la climatología». Sin embargo, en periodos tempranos de la filosofía china, como ha explicado el filósofo chino Féng Yǒulán [馮友蘭] (1895-1990), el sinograma *tiān* era entendido como una divinidad omnisciente y todopoderosa, que ha de guiar al hombres y reyes sabios, por medios tales como la climatología (Féng Yǒulán, 1989, p. 250). A pesar de ello, Sūnzǐ se refiere a la climatología al emplear este carácter, dado que en su explicación posterior explica que comprende fenómenos atmosféricos como el frío y el calor.

5. *Fǎ* [法]. Aunque en muchas ocasiones se traducirá este carácter como «ley» o «norma», en esta ocasión debe entenderse como «método».

6. Aunque pueda parecer chocante que en el texto de Sūn Wǔ aparezca la secuencia «el pueblo y sus gobernantes», se trata de un acto deliberado por el que se relega al monarca a un segundo plano. Este hecho supone la existencia de una convergencia en el pensamiento político de Sūn Wǔ y Mencio, dado que este planteó en su obra que [民為貴，社稷次之，君為輕。是故得乎丘民而為天子。] «El pueblo es lo más valioso [de un Estado], le siguen [los altares de los espíritus del] Suelo y el Grano, el soberano es lo menos importan-

te. Por consiguiente, [hay que] ganarse a la gente común para llegar a ser el Hijo del Cielo» («El libro de Mencio», en Yáng Bójùn (ed.), *El libro de Mencio anotado*, Pekín, Zhōnghuá shūjú, 2013, capítulo 14.14, p. 304)

7. *Yīnyáng* [陰陽]. Etimológicamente designa el lado umbrío y soleado de una montaña, respectivamente. En este caso, el autor hace alusión a la luz u oscuridad ambiental.

8. *Hánshǔ* [寒暑]. Aunque designa el frío y el calor, también se aplica al invierno y al verano, así como a todo el año, pues se entiende como el ciclo de las estaciones.

9. Si bien en ninguna de las preguntas del texto original aparece «más» o «mayor que», se deduce por el contexto oracional.

10. A pesar de la tendencia del texto del *Sūnzǐ* a mantener una forma impersonal por medio de la omisión de todo sujeto, en este y otros pasajes se introduce la primera persona deliberadamente, que se ha mantenido en la traducción para que se pueda apreciar el estilo en el que está escrito.

11. Siguiendo a Galvany (2002, p. 108) y a Ramírez (2006, p. 98), se ha optado en esta ocasión por traducir *dào* como «arte», en tanto que se entiende como un método que permite la consecución de un hecho que entraña cierta dificultad.

12. *Chuán* [傳]. Equivale a «transmitir» o «difundir». Así pues, se puede apreciar que el texto del *Sūnzǐ bīngfǎ* plantea la dificultad por parte del autor de pasar el conocimiento que posee un sujeto a su interlocutor. Este planteamiento está muy próximo a la idea asociada al filósofo del siglo III a. e. c. Zhuāng Zhōu [莊周] y recogida en la obra *Zhuāngzǐ* 《莊子》, en la que se rechaza completamente la idea de la lectura como un medio confiable en el proceso de comunicación (*Zhuangzi*, Pekín, Zhōnghuá shūjú, 2013, vol. 1. capítulo 3, p. 386).

13. *Kuì liáng* [饋糧]. Se trata de las raciones de comida para los soldados que se transportan en las maniobras o al campo de batalla. Por derivación podía entenderse también como el acto de transportar alimentos o incluso de alimentar.

14. *Lǐ* [里]. Se trata de una unidad de longitud que equivalía a 416 metros durante el periodo Zhōu oriental.

15. *Dùn* [鈍]. Se trata de un adjetivo que, cuando se emplea junto a un utensilio, implica que este carece de filo o está embotado. Pero dado que en este texto se usa para calificar a personas, implica que los individuos en cuestión están desmoralizados.

16. *Zhūhóu* [諸侯]. Literalmente se puede traducir como «varios marqueses». Este término hacía referencia a los nobles o príncipes que, durante el periodo Chūnqiū [春秋] (770-481 a. e. c.), o de Primavera y Otoño, dominaban la escena política china.

17. *Chéng* [乘]. Es un carácter polisémico que, en muchas ocasiones, puede entenderse como el acto de «conducir» o «guiar» y, por derivación, se asoció con el acto de «gobernar». Pero en algunas ocasiones, como esta, el sinograma puede emplearse como un equivalente del verbo «utilizar» o «emplear», de ahí la traducción.

18. *Bīng wén zhuō sù* [兵聞拙速]. Se trata de un modismo cuyo origen, como el de otros muchos, se encuentra en *El arte de la guerra*. Literalmente significa «Hemos oído hablar de campañas militares torpes, pero rápidas». El sentido general de esta frase hecha es que «cuando se lucha en la batalla se debe buscar una victoria rápida, aunque se ignoren las tácticas» (Luó Zhúfēng, *Gran diccionario de chino*, Hong Kong, Joint Publishing, 1994, vol. 2, p. 1841).

19. *Shàn yòngbīng zhě* [善用兵者]. Esta expresión equivale de forma literal a «El que es bueno empleando a los soldados». Se utiliza hasta en siete ocasiones a lo largo del texto.

20. *Jí* [籍]. Es el nombre del registro militar que servía de base a las levas necesarias para efectuar las campañas militares.

21. *Bǎixìng* [百姓]. Literalmente significa los «cien apellidos». Se trata de una forma de referirse a la gente común, pero al mismo tiempo también podía emplearse en algunas ocasiones para designar a los funcionarios de todos los rangos y clases. Este término llega a aparecer en el texto hasta cuatro veces, tres en este mismo párrafo y una en el último capítulo. En todos los casos debe entenderse como una alusión a la población sobre la que recaían los impuestos y la levas.

22. *Cái jié* [財竭]. Es una oración sencilla formada por un verbo y un objeto que significa «destrucción de la riqueza» (Marco Martínez, C. y Lee W., *Gramática de la lengua china*, Taiwán, Instituto Nacional de Traducción e Interpretación, 1998, p. 66).

23. *Zhōngyuán* [中原]. Es el nombre chino de las llanuras centrales. Es la región baja de la cuenca del Huánghé. Durante el periodo de la dinastía Zhōu, esta región era la más poblada y era donde se encontraban los reinos y principados más importantes a nivel económico y cultural.

24. *Pò chē bà mǎ* [破車罷馬]. La traducción literal de esta oración es «la rotura de los carruajes y el agotamiento de los caballos». Pero por motivos de concordancia en español con el resto del texto, se ha optado por adaptar el texto.

25. *Lǔ* [櫓]. Es el nombre de un tipo de escudo de grandes proporciones tras el que el soldado podía cubrirse completamente. Es descrito, por lo tanto, como un escudo equivalente al *dùnpái* [盾牌], similar al *scutum* romano (E.T.C. Wener, *Chinese Weapons*, Bangkok, Craftsman Press, 1986, p. 49).

26. Ramírez señala en una nota: *bīng niú* [兵牛] «buey de campaña militar» (2006, p. 111, n. 24), pero no tiene en cuenta que Cáo Cāo explicó que se trataba de «los bueyes del área de la ciudad».

27. *Zhōng* [鍾]. Era una unidad de medida de masa que equivalía a sesenta y cuatro *dòu* [斗] (un *dòu* equivale aproximadamente a dos kilos o litros).

28. *Dàn* [石]. Era unidad de medida de masa que equivalía a diez *dòu* [斗].

29. *Jīgǎn* [萁芉]. Aunque se ha traducido como «heno», se refiere a los tallos secos de diferentes cereales, i.e. de la judía y de la cebada perlada china respectivamente.

30. *Mín* [民]. Aunque su significado es el de «pueblo» o «campesino», dado que sobre este segmento de la población ya habían comenzado a recaer las levas para la formación de los ejércitos en el momento en el que el maestro Sūn compuso el texto, es posible entender este sinograma como un equivalente a «soldados».

31. *Wǔ* [伍]. Se trata de un escuadrón formado por cinco soldados.

32. A pesar de lo repetitivo, se ha preferido mantener la estructura original para que pueda apreciarse la anadiplosis del texto original, un recurso empleado frecuentemente en los textos chinos.

33. *Bù zhàn ér qū rén zhī bīng* [不戰而屈人之兵]. Muy posiblemente se convirtió en el origen de la frase idiomática *Bù zhàn ér shèng* [不戰而勝], «No luchar y vencer» (Ramírez, 2006, p. 118).

34. Aunque el texto del maestro Sūn no lo especifica, Ramírez, siguiendo la explicación de Cáo Cāo, aclara que se trata de terraplenes adosados a las murallas para espiar o destruir sus barbacanas o acceder a alturas bajas de los muros (2006, p. 120).

35. *Tiānxià* [天下]. Su traducción suele ser «Todo bajo el Cielo», pero se trata de un término complejo que puede ser interpretado como el «mundo», «imperio» o incluso «China». Como destacó Zhang Yuchen, se trataba de un sistema ideológico, diseñado durante la dinastía Zhōu, que permitía aglutinar a todos los pueblos a medida que se expandía su territorio, y que englobaba, en el ámbito cultural chino, a toda una serie de pueblos y culturas diferentes (*El pensamiento político del confucianismo y la construcción del Régimen Tianxia-Imperio*, Madrid, tesis UCM, 2020, p. 296).

36. Tanto Galvani (2002, p. 126) como Ramírez (2006, p. 122) traducen *dí* [敵] como «estar equilibradas» o «son parejas» respectivamente. Pero se ha preferido una traducción más próxima al texto original.

37. Tanto Galvani (2002, p. 126) como Ramírez (2006, p. 122) traducen *táo* [逃] como «resistir» o «defenderse», respectivamente. Pero, como en el caso anterior, se preferido una traducción más próxima al texto original, i.e. «huir» o «escapar».

38. Este y otros pasajes han sido interpretados por F. Jullien a modo de ejemplo de cómo el sabio general aprovecha el potencial para alcanzar el éxito (*Tratado de la eficacia*, Madrid, Siruela, 1996, pp. 42-45).

39. *Mí* [縻]. El significado original de este sinograma era designar a una «cuerda empleada para atar a las bestias». De este significa-

do derivó su acepción como el verbo «atar» o «trabar a las bestias». Debido a esta significación, me muestro de acuerdo con Ramírez al entender este carácter como «atenazar» (2006, p. 124), e incluso «controlar», que es como lo entendió Cáo Cāo.

40. *Sān jūn* [三軍]. Literalmente quiere decir «tres ejércitos». Durante la dinastía Zhōu este término hacía referencia al *Zhōng jūn* [中軍], o ejército medio, que era el más respetado y estaba compuesto por doce mil quinientos soldados; al *Shàng jūn* [上軍], o ejército superior, y al *Xià jūn* [下軍], o ejército inferior. Junto a estas denominaciones, los dos últimos también podían llamarse *Zuǒ jūn* [左軍], o ejército de la Izquierda, y *Yòu jū* [右軍], o ejército de la Derecha. Estos tres ejércitos combinados estaban formados por un total de treinta y siete mil quinientas personas. Al mismo tiempo, el término *sān jūn* puede hacer referencia a los tres tipos de ejércitos, de forma que aludiría a la infantería, a la caballería y a los carruajes, lo que hizo que pudiera emplearse como nombre colectivo para referirse al ejército.

41. *Tóng* [同]. Cuando este carácter funciona como verbo, puede entenderse como «ser igual a» o «unificar». A pesar de ello, Ramírez lo entiende como «participar», pero destaca sobre todo que en realidad podría tratarse de un error simple en la copia manuscrita del texto y que en origen hubiera podido emplearse el carácter *sī* [司], que puede entenderse como «dirigir» (2006, p. 124). Aunque realmente se hubiera podido cometer este error, que es muy probable, el significado general de la oración no se ve especialmente alterado, dado que ambos hacen referencia a *quán* [權], que debe entenderse en este caso como «autoridad» o «poder».

42. *Jūn shì* [軍士] equivale a «suboficial», un oficial subalterno en las fuerzas armadas. A pesar de la existencia de este término, también podrían traducirse de forma independiente ambos caracteres, i.e. «jefes y tropa» (Ramírez, 2006, p. 125).

43. *Luàn* [亂]. Aunque suele entenderse como «rebelión» o el acto de «rebelarse», también puede interpretarse como un conflicto armado, motivo por el que se ofrece la traducción de «incursión».

44. *Shàngxià* [上下]. En esta oración, los términos «superior e inferior» son empleados como un equivalente al soberano y a la tropa, de forma que expone con claridad que la función del general consiste, en algunos casos, en la de actuar de mediador entre la voluntad del gobernante y la capacidad de acción de los soldados.

45. De nuevo, el maestro Sūn emplea la idea de que aprovechar el potencial de una situación permite alcanzar el éxito en los actos que se han planificado (Jullien, 1996, pp. 42-45).

46. *Yù* [御]. En origen, este verbo equivalía a «conducir un carruaje». En tanto que el manejo de los carros es un acto ligado a la aristocracia guerrera y al mismo tiempo implica el dominio y control por parte del sujeto de la acción y movimiento de los caballos que arrastran el carro, este sinograma adquirió muy pronto el significado de «gobernar». A pesar de que ofrecemos una traducción más adaptada al español, la traducción literal de la frase [將能而君不御者勝] sería «el que [cuenta con] generales capaces y soberanos que no gobiernan vencerá». Pero en este caso, el acto de «no gobernar» no implica un rechazo a la autoridad regia en general, sino en concreto mientras el ejército está en campaña. Es por este motivo por el que se ha preferido ofrecer la traducción del sinograma *yù* como «interferir».

47. *Bǐ* [彼]. Su traducción literal es la de «esa(s) persona(s)» u «otro», pero por el contexto oracional se está empleando realmente como un equivalente a *dí* [敵], o «enemigo».

48. *Zhībǐ zhījǐ* [知彼知己]. Se trata de un modismo bastante extendido en la lengua china, pero que, como otras expresiones de este tipo, tiene su origen en *El arte de la guerra* (Wáng Jiànyǐn, *Gran diccionario de modismos chinos*, Shanghái, Editorial Shanghái Císhū, 1997, p. 1730).

49. Según Ramírez, la secuencia *shàn zhě* [善者] es una contracción de *shànzhàn zhě* (2006, p. 131). Se trata de una afirmación correcta, pues *shànzhàn zhě* no solo aparece en este mismo párrafo un poco más adelante, sino hasta un total de nueve veces en toda la obra del maestro Sūn.

50. *Qiūháo* [秋毫]. Puede traducirse como «el pelo o las plumas

de bestias y aves que crece en otoño tras la muda estival». Pero al mismo tiempo, este término podía emplearse como una expresión metafórica para referirse a algo muy pequeño y sutil.

51. *Fǎ* [法]. Es un carácter muy empleado por el maestro Sūn, pues aparece hasta en veinticinco ocasiones. Como en el caso de *dào*, puede interpretarse de diferentes formas, pero en esencia significa «ley» o «norma». Debido a estos significados, puede entenderse según el contexto como «costumbre», «práctica» o «disciplina».

52. *Yǐ yì chēng zhū* [以鎰稱銖]. Se trata de un modismo surgido de *El arte de la guerra* y cuyo significado literal es «emplear un *yì* para pesar un *zhū*», lo que significa que se tiene un poder y ventaja absolutos (Luó Zhúfēng, 1994, vol. 1, p. 1095). El carácter *yì* [鎰] es una unidad de peso antigua que equivale a veinte o veinticuatro *liǎng* [兩]; por su parte, veinticuatro *zhū* [銖] equivalen a un *liǎng* [兩] (un *liǎng* [兩], durante el periodo de los Reinos Combatientes, equivalía a 15,8 gramos).

53. *Yǐ zhū chēng yì* [以銖稱鎰]. También es un modismo originado en *El arte de la guerra* y su significado literal es «emplear un *zhū* para pesar un *yì*». Así, equivale a indicar que existe en la comparación de las fuerzas una gran desproporción y se está en absoluta desventaja (Luó Zhúfēng, 1994, vol. 1, p. 1093).

54. *Qiān rèn* [千仞]. Su traducción equivale a «mil *rèn*», una metáfora de algo extremadamente alto o profundo. Actualmente, un *rèn* serían 2,27 metros.

55. *Dòu* [斗]. Se trata de una unidad de medida de áridos, diez *dòu* equivalían a un *dàn* [石] (ciento tres litros). Al mismo tiempo, esta unidad recibía este nombre por derivación de la forma de su medidor, i.e. un cazo, de ahí que se le haya dado esta traducción para indicar si se trata de un *dòu* completo o incompleto.

56. *Yǐ duàn tóu luǎn* [以碫投卵]. Se trata de un modismo surgido de *El arte de la guerra*. Se emplea como una metáfora de atacar algo frágil o débil con algo duro o fuerte, una actuación que implica que la victoria está garantizada (Luó Zhúfēng, 1994, vol. 1, p. 1093; Wáng Jiànyǐn, 1997, p. 1582).

57. *Jiānghé* [江河]. Aunque la combinación de estos dos sinogramas podía emplearse como un término general para referirse a los ríos, en este caso es una contracción, habitual por otra parte, de los nombres de los ríos Chángjiāng, o río Yangtsé, y Huánghé, o río Amarillo.

58. Por medio de las estaciones del invierno y el verano, el maestro Sūn aludía al estado oculto y al estado floreciente de la naturaleza. Cada una de estas fases estacionales genera unas circunstancias propias que, a su vez, propician una potencialidad particular que se debe aprovechar.

59. *Wǔ shēng* [五聲]. Su traducción directa es la de «cinco sonidos», pero es una expresión empleada para referirse a los cinco modos musicales que se empleaban en la escala pentatónica china. Mientras que en el *Tao Te Ching*《道德經》se emplea el término *Wǔ yīn* [五音] para referirse a este mismo sistema musical (Lǎozǐ, «Lao Tse» y «Tao Te Ching», en Tāng Zhāngpíng y Wáng Cháohuá (eds.), *Lao Tse*, Pekín, Zhōnghuá shūjú, 2014, capítulo 12, p. 29), el término usado por el maestro Sūn también fue empleado en el *Shǐjì* 《史記》 de Sīmǎ Qiān [司馬遷] (c. 145-86 a. e. c.) (Sīmǎ Qiān, *Memorias Históricas*, Pekín, Zhōnghuá shūjú, 1959, capítulo 1, p. 39; capítulo 2, p. 79; capítulo 24, p. 1220). Esta escala pentatónica está compuesta por los modos *gōng* [宮], *shāng* [商], *jué* [角], *zhǐ* [徵] y *yǔ* [羽], equivalentes a las notas do, re, mi, sol, la, respectivamente (E. Fox Brindley, *Music, Cosmology, and the Politics of Harmony in Early China*, Nueva York, Suny Press, 2012, p. 177).

60. En estas oraciones se emplea recurrentemente el sinograma *shèng* [勝], i.e. «vencer», que se entiende como dominar al completo los sentidos.

61. *Shì* [勢]. Aunque traduzco este carácter como «potencia», Jullien lo traduce como «propensión» (1996, p. 41). Si bien se entiende que *shì* equivaldría a la «capacidad generativa de una situación dada», Jullien lo interpreta como la «inclinación o tendencia a algo de una situación», por lo que se aprecia fácilmente que ambas traducciones están tan próximas que son intercambiables, al menos en lo que respecta a este libro.

62. *Guō* [礦]. La ballesta fue inventada en el sur de China y utilizada por primera vez por los ejércitos de los reinos meridionales de Wú [吳], Chǔ [楚] y Yuè [越] a finales del periodo de Primavera y Otoño. Así, ya a mediados del periodo de los Reinos Combatientes, esta arma se empleaba de forma común en los ejércitos de los reinos septentrionales. Como arma, la ballesta aumentó la capacidad de matar y, por lo tanto, la capacidad bélica de los diferentes ejércitos, dado que era más eficiente y permitía al ballestero apuntar mejor, disparar más lejos y más flechas que con un arco normal (Li Feng, *Early China. A Social and Cultural History,* Cambridge, Cambridge University Press, 2013, p. 198).

63. *Xíng yuán* [形圓]. Este término, que traduzco por «disposición circular», ha generado gran controversia a lo largo del tiempo dado que, como han señalado de forma extensa y detallada Galvany (2002, p. 145) y Ramírez (2006, p. 144), se han transmitido las explicaciones de diferentes comentaristas. En este caso nos limitamos a remitir al comentario de Cáo Cāo. Por mi parte, creo que se trata de una disposición de las tropas de carácter defensivo, dado el contexto de caos señalado por el autor, que de corresponderse su forma con su nombre, al carecer de flancos y permitir que los soldados tengan cubiertas sus retaguardias por otros camaradas, permitiría una mayor capacidad de resistencia frente a los adversarios.

64. *Rèn shì* [任勢]. Aunque se ha traducido como «situación favorable», su traducción directa sería «potencia confiable». Así, este término se refiere a aprovechar diversas situaciones favorables o tendencias en el desarrollo y los cambios de las cosas (Luó Zhúfēng, 1994, vol. 1, p. 1204).

65. Como señala Jullien, la pendiente ejemplifica la «propensión», o la «potencia», si se prefiere, que resulta de la fuerza que el estratega sabe manejar a su favor para hacer maniobrar a sus hombres en cada situación (1996, p. 43). De ello se deduce que la adaptación a la situación concreta permite el funcionamiento óptimo de la acción que hay que seguir.

66. Todas estas afirmaciones las interpreta Jullien como el «potencial por adaptación», consistente en aprovechar las condiciones en

las que se encuentra el oponente para que reviertan en nuestro beneficio y lograr una victoria sin mucho esfuerzo (1996, p. 44).

67. *Gāo lěi shēn gōu* [高壘深溝]. Se trata de un modismo que, de nuevo, tiene su origen en *El arte de la guerra*. Su traducción literal es «construir barreras altas y cavar trincheras profundas», y alude al hecho de ser o volverse fuerte (Luó Zhúfēng, 1994, vol. 12, p. 17.764; Wáng Jiànyǐn, 1997, p. 419).

68. A pesar de que se ha elegido la traducción de la primera persona del plural, en este y otros párrafos, como el anterior, en el texto chino se emplean los pronombres *wǒ* y *wú*. Si bien estos caracteres suelen traducirse por «yo», también pueden entenderse como el plural «nosotros».

69. *Yuē* [約]. En origen significaba «cuerda» y, por derivación, «atar con una soga». Este valor semántico hace que el carácter se interprete aquí como «controlar» o «vencer».

70. Una vez más, respetamos la anadiplosis del texto original.

71. *Yuè guó* [越國]. Hasta donde se sabe, en origen, este reino estaba formado por lo que las crónicas llaman *bǎi Yuè* [百越], o los cien *yuè*, un término que podemos interpretar como un gran número de tribus o grupos étnicos denominados genéricamente como Yuè. El reino de Yuè no aparece en las crónicas hasta el año 510 a. e. c., cuando fue invadido por el reino de Wú, reino meridional con el que Yuè combatió de forma continua. Finalmente, en 473 a. e. c. el rey de Yuè Gōujiàn [句踐] (r. 493-465 a. e. c.) venció al reino de Wú después de haber dedicado una década a fortalecer su ejército y aprovechando que el rey de Wú, Fúchāi [夫差] (r. 495-473 a. e. c.), se encontraba de maniobras en el norte de su reino (Hsu Cho-yun, «The Spring and Autumn Period», en Michael Loewe y Edward L. Shaughnessy (eds.), *The Cambridge History of Ancient China, From the Origins of Civilization to 221 BC*, Cambridge, Cambridge University Press, 1999, pp. 563-564).

72. *Dòu* [斗]. En este caso se refiere a *zhēng dòu* [争斗], que generalmente alude al hecho de que las dos partes de un conflicto se niegan a ceder y, por lo tanto, se esfuerzan por ganar la batalla por la

propiedad de la tierra durante muchos años (Chén Xī, *El arte de la guerra*, Pekín, Zhōnghuá shūjú, 2011, pp. 107-108). Esto hace que podamos interpretarlo como el verbo «pelear» o como los sustantivos «guerra» o «disputa».

73. Aunque se ha mantenido el significado original del sinograma *chù* [處], por el contexto bélico descrito por el autor, hace referencia tanto al campamento como al reino.

74. *Xíng bīng* [形兵]. Aunque literalmente se puede traducir como «apariencia de la guerra», en realidad se refiere a la táctica de crear apariencias falsas para confundir al enemigo.

75. *Bīng xíng* [兵形]. Se refiere al método que empleaban las tropas en la batalla, por lo que se puede entender como la «disposición de las tropas».

76. *Bì shí ér jī xū* [避實而擊虛]. Esta oración ha dado lugar al modismo *bì shí jī xū* [避實擊虛], que se puede traducir literalmente como «evitar lo sólido y golpear lo hueco». Se emplea para indicar que hay que atacar donde el enemigo es más débil y evitar sus fortalezas (Luó Zhúfēng, 1994, vol. 10, p. 15.243; Wáng Jiànyǐn, 1997, p. 66).

77. *Shén* [神]. Este carácter equivale en origen a «espíritu», de forma que también se empleó con mucha frecuencia como «dios» o «divinidad». Pero asimismo podía utilizarse para referir «personas con conocimientos y habilidades», de manera que equivale a «inteligente», motivo de la traducción que se ofrece, pero también de las dadas por Ramírez, «sabio» (2006, p. 162), y Galvany, «inescrutable» (2002, p. 150).

78. *Wǔxíng* [五行]. Se trata de los «cinco movimientos» o «cinco fases», forma de referirse a los cinco elementos: fuego, agua, madera, metal y tierra. Estos elementos están inmersos en un continuo ciclo de engendramiento y de dominación entre sí. Según el ciclo de engendramiento, los *wǔxíng* se siguen unos a otros del siguiente modo: madera-fuego (la madera, al arder, alimenta el fuego), fuego-tierra (el fuego transforma la madera en cenizas, que nutren la tierra), tierra-metal (la tierra produce los metales), metal-agua (el metal al fundirse se licua), agua-madera (el agua nutre las plantas).

Según el ciclo de dominación, los *wǔxíng* se «vencen» unos a otros del siguiente modo: tierra-agua (la tierra retiene o contiene el agua), agua-fuego (el agua apaga el fuego), fuego-metal (el fuego funde el metal), metal-madera (el metal corta la madera), madera-tierra (la madera penetra en la tierra). Es esta dominación o destrucción a la que alude el texto, que cuando no se produce es porque se ha llevado a cabo el engendramiento.

79. Se refiere a la duración de las horas diurnas y nocturnas a lo largo de las estaciones.

80. Hace referencia al ciclo de cuartos crecientes y menguantes.

81. *Juǎn jiǎ* [卷甲]. Su traducción literal es «enrollar la armadura», pero se refiere al acto de doblar las corazas en el momento en el que se recogían los pertrechos, para que la tropa pudiera avanzar a marchas forzadas.

82. *Shàng jiàng jūn* [上將軍]. Una traducción directa de este cargo militar equivale a «general superior del ejército», pero se le pueden dar otras traducciones más adaptadas a nuestros tiempos como la de «general de vanguardia» (Ramírez, 2006, p. 169) o, simplemente, «mandos» (Galvany, 2002, p. 158).

83. Hay ciertas discrepancias en torno a este pasaje marcado en cursiva, dado que algunos autores lo han considerado como una interpolación proveniente del capítulo 8 (Galvany, 2002, pp. 158, 161).

84. *Xú* [徐]. Como adjetivo equivale a «lento» o «de movimiento tranquilo» y, por derivación, podemos entenderlo como «sereno». Esto implica que el término adquirió la connotación de «solemne», dado que el paso de los cortesanos en las ceremonias rituales debía ser lento y sosegado.

85. *Yīn* [陰]. En origen, era el lado oculto y umbrío de la montaña. Por derivación se aplicó a lo flexible y femenino, pero en este caso se identifica con la oscuridad o aquello que no se puede ver a simple vista.

86. Ramírez interpreta el texto en cursiva como un poema rimado, para lo que ofrece la reconstrucción fonética del periodo en el que fue escrito el texto (2006, p. 171).

87. *Xuán quán* [懸權]. Su traducción directa es «colgar las pesas». Se trata de una metáfora de sopesar ganancias y pérdidas.

88. 《軍政》 *Jūnzhèng*, traducido como *Lo militar y lo político* o *El ejército y el gobierno*. Se suele interpretar como el nombre de un libro, dado que a continuación va una cita introducida por el carácter *yuē* [曰]. Ramírez, que sigue en este punto a Chén Xī (2011, p. 127), indica que hay comentarios que señalan que se trataría de un libro perdido antes de la dinastía Qín [秦] (221-206 a. e. c.), dado que no figura en ningún catálogo de libros de esta dinastía ni aparece en el listado de libros de la biblioteca imperial de la dinastía Hàn (2006, p. 173). Desgraciadamente, solo se conserva este pasaje de este libro (Galvany, 2002, p. 161). En consecuencia, Minford indica que es probable que se hubiera recogido alguna colección de máximas militares con anterioridad al libro que traducimos, dado que la conflictividad del periodo previo al maestro Sūn fue mucha y el interés por este tipo de cuestiones, muy grande (*Sun-tzu, The Art of the War*, Nueva York, Penguin Books, 2009, p. 205). Encontramos una muestra del interés de los gobernantes del periodo por este tipo de cuestiones militares en los hechos de la vida del propio Confucio: 《論語·衛靈公》:「衛靈公問陳於孔子。孔子對曰:『俎豆之事, 則嘗聞之矣; 軍旅之事, 未之學也。』明日遂行。」 «El duque Líng de Wèi preguntó a Confucio sobre la táctica militar. Entonces Confucio respondió: "Sobre los asuntos de las vasijas rituales he intentado aprender; sobre las cuestiones relativas al ejército, todavía no las he estudiado". Al día siguiente, Confucio salió de Wèi» (Confucio, «Analectas», en Liú Bǎonán (ed.), *Analectas anotadas*, Pekín, Zhōnghuá shūjú, 1980, 15.1, p. 161).

89. *Jīn gǔ* [金鼓]. Se trata de un «tambor dorado» que era empleado en la guerra. Dado que emplea el carácter *jīn* [金], se podría interpretar como metálico o incluso de bronce, si es que quiere verse como alusivo al material con el que se había fabricado. Según se desprende de algunos textos, el sonido de estos tambores de bronce no solo se empleaba para transmitir las órdenes a las tropas en el campo de batalla, sino que también servían para infundir ánimo en

los hombres durante el combate (Fox, 2012, p. 149). 《春秋左傳·僖公二十二年》:「三軍以利用也，金鼓以聲氣也，利而用之，阻隘可也聲盛致志，鼓儳可也。」 «El caso es que los tres ejércitos usan armas afiladas y, por medio del sonido de los tambores de bronce, fortalecen su *qì*, entonces, hay que usar el filo de las armas, en una situación angustiosa el sonido de estos tambores levanta el ánimo, el tambor lleva al desorden en el enemigo» (Zuǒ Qiūmíng, «Comentario de Zuo», en Lǐ Xuéqín (ed.), *Comentario sobre los Trece clásicos*, vol. VII, Pekín, Editorial de la Universidad de Pekín, 1999, capítulo 15, pp. 404-405).

A nivel arqueológico, también se han hallado en el sur de China y norte de Vietnam una serie de tambores de bronce, i.e. *gǔ tóng* [鼓銅], que ya son mencionados en las campañas militares del general Mǎyuán [馬援] (14 a. e. c.-49 e. c.) para sofocar la rebelión de las hermanas Trưng (Fàn Yè, *El libro de los últimos Han*, Pekín, Zhōnghuá shūjú, 2000, capítulo 24, p. 840). En algunos casos, estos tambores se datan en la cultura vietnamita Dong Son (800 a. e. c.-200 e. c.), por lo tanto, serían similares a los tambores a los que alude el autor de *El arte de la guerra*.

90. *Duó qì* [奪氣]. Puede traducirse como «privar de *qì*», «perder el valor o el coraje». Otros traductores lo han interpretado como «perder el aliento o la moral» (Galvany, 2002, p. 159), «ser despojado de la moral» (Ramírez, 2006, p. 174). Por su parte, Chén Xī lo interpreta en su edición y estudio como *ruìqì* [銳氣], o «vigor» (2011, p. 132). Pero en nuestro caso hemos preferido no dar una traducción del término, dado que el *qì* es el aliento vital o energía que circula por el cuerpo; de esta creencia se deriva que la privación del *qì* pueda entenderse como una pérdida del valor del individuo.

91. *Xīn* [心]. Si bien este carácter es «corazón», en tanto que este órgano se entendía en la antigua China como la sede del pensamiento y los sentimientos, se usaba como un equivalente a «voluntad» o «entendimiento».

92. *Yǐ bǎo dài è* [以飽待飢]. La traducción literal es «bien alimentado espera al hambriento».

93. Se refiere a las tropas que permanecen en formación y ordenadas.

94. La frase en cursiva es una repetición íntegra del comienzo del capítulo 7, lo que indica que podría tratarse de una interpolación.

95. *Wǔ lì* [五利]. Los «cinco beneficios». Dado que este concepto no queda claro en el texto, son varios los comentaristas que han tratado de explicarlo, incluido Cáo Cāo, quien no contribuye mucho a clarificarlo. Así, ya en el periodo Táng, el comentarista Jiǎ Lín [賈林] indicó que se trataría de «seguir la ruta más corta, atacar al ejército aislado, sitiar la ciudad que se halle en situación precaria, atacar la posición que pueda ser tomada y obedecer las órdenes del soberano que se ajusten a la situación» (Ramírez, 2006, p. 184; existe una traducción completa del comentario de Jiǎ Lín traducida al inglés en Minford, 2009, pp. 219-220). A su vez, Chén Xī cita a Zhào Běnxué [趙本學] (1478-1544), quien, al comentar este pasaje, indicó que el carácter *wǔ* [五] sería realmente una errata, fruto de un error común en el proceso de copia del texto, y que se habría transmitido a lo largo del tiempo, de manera que realmente en el texto debería aparecer el sinograma *dì* [地]. Esto supondría que debería leerse *dì lì* [地利], i.e. «ventaja o beneficio del terreno» (Chén Xī, 2011, p. 145). Por su parte, otros traductores también han sugerido que tal vez se haya perdido parte del texto original de este capítulo, en el que podría haber habido alguna explicación con más detalles (Galvany, 2002, p. 170).

96. En este párrafo se aprecia claramente cómo el autor marca una diferencia clara en cuanto a los soberanos de los distintos reinos y señoríos que existían en el periodo. Por un lado, al comienzo de este capítulo hace uso del sinograma *jūn* [君], equivalente a «soberano», incluso interpretable como «rey» o «príncipe», y que es quien concede la autoridad al general. Por otro lado, en este párrafo, el autor introduce el término *zhūhóu* [諸侯], cuya traducción literal es «varios marqueses» y podía emplearse para aludir a los distintos nobles que controlaban la escena política de la China del periodo, lo que también permitía su uso como una metáfora del dominio del poder político y militar del gobernante.

97. *Sǐ* [死]. Literalmente es «muerte», pero se puede interpretar como «peligro» (Galvany, 2002, p. 177). Por su parte, Chén Xī (2011, p. 158) y Ramírez (2006, pp. 193-194), que siguen la interpretación dada en el *Huáinán zǐ* 《淮南子》, entienden que *sǐ* [死] y *shēng* [生] («vida») (Liú Ān, *Huáinán zǐ*, Pekín, Zhōnghuá shūjú, 1988, capítulo 4, p. 337), se refieren, respectivamente, a una zona baja y otra elevada (Ramírez, 2006, p. 193-194).

98. Aunque Huángdì [黄帝] se suele traducir como Emperador Amarillo, hay que tener presente que, en realidad, antes de la unificación de Qín Shǐhuáng [秦始皇] (221-210 a. e. c.), *dì* [帝] era un carácter empleado para indicar «divinidad» (Xǔ Jīnjīng, *Los sufijos */-u/, */-l/ y */-m/ reconstrucción de los pronombres personales en el chino antiguo*, tesis doctoral inédita, Departamento de Lengua Española, Facultad de Filología, Universidad de Salamanca, 2018, pp. 113, 194), de ahí que lo hayamos traducido como divinidad posteriormente al aparecer el término *Sìdì* [四帝].

99. Parece referirse a los dioses de los cuatro puntos cardinales. Así, encontramos que el *Huáinánzǐ* indica que estos cuatro dioses eran Zhuānxū [顓頊], conocido como Hēidì [黑帝], que gobernaba el norte; Yándì [炎帝], al que también se conoce como Chìdì [赤帝], que gobernaba el sur; Tàihào [太皞], asimismo conocido como Qīngdì [青帝], que gobernaba el este; y Shǎohào [少昊], también llamado Báidì [白帝], que gobernaba el oeste (Liú Ān, 1988, capítulo 3, pp. 183-188; para una traducción completa al inglés véase J. S. Major, *et al.*, *The Huainanzi: A Guide to the Theory and Practice of Government in Early Han China, by Liu An, King of Huainan (Translations from the Asian Classics)*, Nueva York, Columbia University Press, 2010, pp. 150-151; para una traducción parcial al español véase G. García-Noblejas Sánchez-Cendal, *Mitología clásica china*, Madrid, Trotta, 2004, pp. 49-50; para una explicación de los mitos relativos a los enfrentamientos de Huángdì con los otros cuatro dioses véase A. Birrell, *Mitos chinos*, Madrid, Akal, 2005, p. 31; G. García-Noblejas Sánchez-Cendal, *Mitología de la China Antigua*, Madrid, Alianza, 2007, pp. 241-251).

100. *Yǎngshēng ér chǔ shí* [養生而處實]. Su traducción literal es «nutrir para crecer y asentarse donde haya abundancia».

101. *Bǎi jí* [百疾]. Las cien enfermedades o cientos de enfermedades. El numeral cien se emplea con mucha frecuencia en chino como equivalente a una gran cantidad de aquello a lo que precede. Por este motivo, debemos entender el término compuesto como «una multitud de enfermedades o calamidades».

102. A pesar de las abundantes pérdidas existentes en la versión de este capítulo tal y como se ha transmitido en el manuscrito de la tumba de Yínquè shān, i.e. *Yínquèshān Hànjiǎn* [銀雀山漢簡], se puede apreciar que la oración «是謂必勝» no se encuentra en esta versión antigua del texto (VV. AA., *Tablillas de bambú de las tumbas de la dinastía Han de Yinqueshan (1)*, Pekín, Wénwù chūbǎn shè, 1985, p. 19; Ramírez, 2006, p. 195).

103. *Ér yòu bèi zhī* [而右背之]. El texto original omite qué es lo que ha de quedar en estas posiciones. El motivo se encuentra en que ya ha sido indicado en el párrafo anterior.

104. Se refiere a que las aguas bajan agitadas.

105. Galvany ha destacado, siguiendo a Zhāng Bēn [張賁], que este texto podría haber sido desplazado por error desde la parte en la que se habla de la posición de las tropas con respecto a las aguas hasta el comienzo de este capítulo (Galvany, 2002, p. 178; Yáng Bǐng'ān y Xiào Lǐ (eds.), *Once comentarios sobre Sun Tzu: biblioteca de cultura china*, Pekín, Zhōnghuá shūjú, 2012, p. 185). A pesar de esto, Chén Xī no destaca nada sobre este texto y se limita a incluir el comentario de Cáo Cāo (2011, pp. 160-161). Del mismo modo, Pián Yǔjùn tampoco cuestiona la posición de este texto, pero destaca cómo, en el manuscrito *Tablillas de bambú de las tumbas de la dinastía Han de Yinqueshan*, el carácter *mò* [沬] es sustituido por *liú* [流] (VV. AA., 1985, p. 18; Pián Yǔjùn, *El arte de la guerra*, Pekín, Zhōnghuá shūjú, 2007, p. 63). De hecho, aunque Guō Huàruò ha indicado en su edición del texto que, efectivamente, se realizó el comentario que destaca Galvany, él entiende que no guardan relación, dado que, cuando el texto indica «quien desea vadearlo debe esperar a que esté en cal-

ma», se refiere al acto de vadear el río conforme se avanza; mientras que antes, cuando el texto indica «quien desea combatir no debe estar junto al río para enfrentarse a un oponente», se refiere al acto de defender la orilla del río (Guō Huàruò (ed.), *El arte de la guerra*, Editorial de libros antiguos de Shanghái, 2012, p. 236).

106. *Tiānjǐng* [天井], «Pozos celestes», se refiere a un terreno empinado por todos sus lados, por donde discurre un arroyo y se forma un pozo natural. *Tiānláo* [天牢], «prisiones celestes», se refiere a un terreno rodeado por tres lados, cuya entrada es fácil, pero difícil la salida, por ello es una prisión natural. *Tiānluó* [天羅], «redes celestes»: en este lugar la vegetación es densa, por lo que hace difícil los movimientos, es una red natural. *Tiānxiàn* [天陷], «trampas celestes», es un terreno bajo, cuyos caminos están embarrados, es una trampa natural. *Tiānxì* [天隙], «hendiduras celestes», es un terreno donde hay muchas zanjas, profundas y largas, son hendiduras naturales (Guō Huàruò, 2012, p. 238; Yáng Bǐng'ān, 2012, p. 171). Si bien se ha optado por traducir el carácter *Tiān* [天] por «celestial», Ramírez optó por traducirlo como «natural» (2006, p. 196), traducción perfectamente posible, dado que permite una mejor adaptación al español. En este caso, creo que la traducción literal es más fiel al contexto sociocultural del momento en el que se compuso el texto.

107. En esta sección del texto se emplea *wú* [吾], el pronombre de primera persona singular, pero como ya he comentado, debido al contexto marcial, puede entenderse también como el pronombre de primera persona plural.

108. En este punto se ha seguido la lectura dada en el manuscrito hallado en la tumba de Yínquè shān (VV.AA. 1985, p. 18).

109. *Rén* [人]. Suele traducirse como «persona», pero tanto en este caso como en otros de este texto se entiende como sinónimo de «tropas» o «soldados».

110. *Fú* [伏]. Tanto Galvany (2002, p. 175) como Ramírez (2006, p. 198) lo interpretan como «atacar por sorpresa», pero también puede entenderse como «aniquilar» o «derrotar».

111. *Zhàng* [杖]. Como sustantivo significa «bastón» y, como

verbo, «andar apoyado en un bastón». Debido al contexto general, dado que el autor se refiere a la tropa, este carácter se emplea como equivalente a la lanza.

112. *Jí* [汲]. Significa «el que saca agua del pozo». De este significado se deriva la traducción de «aguador», tomada de Ramírez (2006, p. 201) y Galvany (2002, p. 176).

113. *Niǎo jí* [鳥集]. Se trata de una «bandada de aves volando», pero al mismo tiempo podía emplearse para describir un «grupo de aves que se ha posado» (Luó Zhúfēng, 1994, vol. 12, p. 17.836). Por lo tanto, tanto la traducción de Ramírez, que interpreta el término como «bandada en vuelo» (2006, p. 201), como la dada por Galvany, «aves que se posan» (2002, p. 176), son perfectamente válidas. Hay que tener en cuenta que ninguna de las dos interpretaciones es contradictoria, dado que el autor quería dar a entender que las aves, ante la presencia de los soldados, no se atreverían a acercarse al campamento.

114. *Fǒu* [缶]. Se trata de un recipiente cerámico de cuerpo ancho en su parte central y que se estrecha hacia su base, similar a la forma de un ánfora. Se colgaba gracias a una serie de asideras de pequeño tamaño a las que se ataba la cuerda para suspenderlo.

115. *Wén* [文]. Aunque en muchas ocasiones se traduce como «texto o cultura», en este caso puede entenderse como «comportamiento civilizado», de ahí que haya optado por traducirlo como «trato humano». Este sinograma se opondría a *wǔ*, que es lo «militar» o «marcial», que por derivación se entendería como una forma más severa y estricta de comportarse con los soldados.

116. Esta referencia a la educación de la población es muy significativa, dado que cualquier persona culta del periodo de Primavera y Otoño, así como de los posteriores, habría captado con rapidez la proximidad a la idea confuciana del soberano como educador y moralizador (*Edición clásica de los comentarios de Máo al Shījīng*, en Lǐ Xuéqín (ed.), *Comentario sobre los Trece clásicos*, Pekín, Editorial de la Universidad de Pekín, 1999, capítulo 1, pp. 9-10; Fàn Yè, 2000, capítulo 56, p. 2499). Así, como el rey guía a sus súbditos educándoles,

el general hace lo mismo con sus soldados, a los que trata con benevolencia, pero en este caso, el maestro Sūn emplea el término *wén* para describir este comportamiento. Esta idea también está muy próxima a la idea moísta, que sostenía que una persona debía actuar conforme lo hacían sus superiores.

117. *Mín* [民]. Normalmente, su significado es «pueblo» o «campesino», pero dado el contexto oracional, debemos entenderlo como la «tropa» o los «soldados». Al mismo tiempo, este carácter nos revela una realidad social del momento en el que se compuso el texto, dado que, ya en el periodo de los Reinos Combatientes, se reclutaba al campesinado para la infantería.

118. *Zhī* [支]. Equivale a los verbos «apoyar», «sostener» o «apuntalar». Esto implica que, en relación con un terreno, sea el lugar en el que ambos contendientes han consolidado y afianzado sus posiciones. Por ello, Galvany lo tradujo como «neutralizador» (2002, p. 183) y Ramírez como «consolidado» (2006, p. 211).

119. *Lì* [利]. En este caso debemos entenderlo como «ser fuerte y beneficiar». Por lo tanto, controlar con beneficio.

120. *Lì* [利]. Se trata del «beneficio o del acto para obtenerlo», de ahí que haya optado por traducirlo como «señuelo» o «trampa».

121. *Bēng* [崩]. Aunque puede traducirse por «colapso» e incluso «muerte», en este caso alude a la ruptura de las relaciones sociales establecidas, lo que es posible interpretar como «desobediencia».

122. En este, como en el resto de los ejemplos del párrafo, el texto introduce el sustantivo por medio de *yuē* [曰], que en este caso se puede traducir como «a esta situación se la llama».

123. *Chénbīng zònghéng* [陳兵縱橫]. Su traducción literal sería «los soldados son como la urdimbre y la trama de un tejido».

124. *Tuì bù bì zuì* [退不避罪]. Su traducción literal sería «retirarse sin evitar la culpa».

125. *Jiāo zǐ* [驕子]. Su traducción directa es «hijo arrogante u orgulloso» y es aplicable también al «hijo predilecto». Por extensión, este término se usó para calificar a personas caprichosas y delicadas.

126. El texto original emplea la forma *wú* [吾], i.e. «yo». Pero como en otros casos, se entiende que en esta oración realmente se trata de la primera persona de plural.

127. *Zhī tiān zhī dì* [知天知地]. Aunque se trata de una traducción literal, debemos tener en cuenta que, igual que en el primer capítulo, los sinogramas de Cielo y Tierra tienen que interpretarse como «clima» y «topografía».

128. *Sàn* [散]. Aunque lo traduzco por «dispersión», su traducción más directa es «dividir».

129. *Zhēng* [爭]. Equivale a «cruce», tal y como lo tradujo Minford (2009, p. 69), por lo que debe entenderse como el lugar en el chocan los contendientes, y por eso doy la misma traducción que Galvany (2002, p. 191). Por su parte, Ramírez lo ha traducido por «disputa» (2006, p. 225).

130. *Zhòng* [重]. Aunque se suele interpretar como «grave» o «serio», en esta ocasión implica que se trata de un terreno peligroso. Ramírez lo ha interpretado como «de difícil retorno» (2006, p. 225). Mucho más literal fue Minford, quien tradujo *zhòng* por *heavy*, que al igual que el término chino tiene las connotaciones de «pesado» y «serio» (2009, p. 69).

131. *Zhūhóu* [諸侯]. Su traducción literal es «varios marqueses» y podía emplearse para hacer alusión a los distintos nobles que controlaban la escena política de la China del periodo, lo que también permitía su uso como una metáfora del dominio del poder político y militar del gobernante. Debido a este motivo, G. García-Noblejas Sánchez-Cendal ofrece la traducción de «duques y condes» (*Sun Tzu, El arte de la guerra*, Madrid, Alianza, 2022, p. 128), o Minford la de *feudal lords* (2009, p. 69).

132. *Sān shǔ* [三屬]. Su traducción directa es «tres reuniones» y hace alusión a los encuentros realizados por gobernantes en el periodo Zhōu oriental (771-221 a. e. c.), con el propósito de formalizar alianzas y firmar tratados.

133. *Xiān zhì ér dé tiānxià zhī zhòng zhě* [先至而得天下之眾者]. Su traducción literal es «el primero en llegar obtiene la multitud de

Todo bajo el Cielo», Ramírez indica que se trata de una hipérbole (2006, p. 227).

134. *Zhòng guǎ bù xiāng shì* [眾寡不相恃]. Si se hace una traducción directa de esta oración, equivaldría a «los muchos y los pocos no se apoyan mutuamente». Así, son muy correctas las interpretaciones de Galvany (2002, p. 192), a quien seguimos en este caso, así como la de Ramírez, quien propone «unidades mayores y menores» (2006, p. 229).

135. El texto original se limita a indicar *Guìjiàn bù xiāng jiù* [貴賤不相救] «pobres y ricos no se ayudan mutuamente», lo que ha llevado a García-Noblejas a traducirlo por «auxilian con dinero a las tropas sin dinero» (2022, p. 129). Galvany lo ha interpretado como «soldados y oficiales» (2002, p. 192). Por mi parte, en este punto sigo a Ramírez (2006, p. 231) pues, debido al contexto oracional, creo que debe sobreentenderse que se trata de las tropas, de ahí que crea que hace una diferenciación en la equipación y panoplia que habían de llevar los diferentes soldados de un ejército.

136. Ramírez interpreta las frases en cursiva como un poema rimado, para lo que ofrece la reconstrucción fonética del periodo en el que fue escrito el texto (2006, p. 230).

137. *Qíng* [情]. Podemos traducir este sinograma por «sentimiento», dado que en este caso funciona como un sinónimo de *xìng* [性], que equivale a «esencia» o «naturaleza», ya que un sentimiento y una situación o circunstancia pueden entenderse como la naturaleza o carácter de algo, que son el núcleo del potencial que debe aprovechar el estratega y responder en oposición (Jullien, 1996, p. 50). Así, Ramírez (2006, p. 231) y Galvany (2002, p. 192) traducen el primer carácter como «esencia».

138. Como en muchas otras partes del texto, en esta ocasión se emplea *rén* [人], que debe entenderse en este caso como «persona enemiga u hostil».

139. Como ya se ha indicado, *dào* [道] es un sinograma polisémico, pero atendiendo a sus significados de «camino» o «método», se puede interpretar en este caso como una forma de actuar propia de aquel que comanda los ejércitos.

140. *Kè* [客]. Aunque equivale a «invitado o visitante», también significaba extranjero, por lo que podía emplearse como «invasor o enemigo».

141. *Sānjūn* [三軍]. En esta ocasión, el término hace referencia a la totalidad de las tropas que comanda el general en su incursión por terreno enemigo.

142. Ramírez interpreta la frase en cursiva como un poema rimado, para lo que ofrece la reconstrucción fonética del periodo en el que fue escrito el texto (2006, p. 234).

143. *Ibid.*

144. *Ibid.*, pp. 235-236.

145. *Zhān jīn* [沾襟]. Equivale a «mojar el cuello de la pechera de la ropa», es una forma de referirse al hecho de estar triste y llorando. Así, es una descripción muy vívida de cómo un individuo llora de forma tan profusa que su ropa acaba mojándose.

146. Ramírez interpreta la frase en cursiva como un poema rimado, para lo que ofrece la reconstrucción fonética del periodo en el que fue escrito el texto (2006, p. 236).

147. Zhuān Zhū [專諸] (m. 515 a. e. c.) fue un contemporáneo del maestro Sūn y un asesino en el periodo Primavera y Otoño. Zhuān Zhū era natural del reino de Wú [吳國] y fue un carnicero reconocido por su piedad filial hacia su madre. El príncipe Guāng [公子光], que más tarde se convertiría en el rey Hélǚde de Wú [吳王闔閭] (r. 514-496 a. e. c.), quería matar al rey Liáo de Wú [吳王僚] (r. 526-515 a. e. c.) por venganza personal y tomar el trono él mismo. Debido a esto, Wǔ Zixū [伍子胥] recomendó al príncipe Guāng los servicios de Zhuān Zhū, a quien envió para matar al rey Liáo en el año 515 a. e. c. Zhuān Zhū logró llevar a cabo su cometido en el transcurso de una fiesta, con una daga escondida en un pez, pero lo mataron después. En el folclore chino, la daga que usó para matar al rey Liáo ha sido llamada *Yúcháng* [魚腸] o «intestinos de pescado», porque era lo suficientemente pequeña para esconderla dentro de uno (Sīmǎ Qiān, 1959, capítulo 86, pp. 2516-2518).

148. Cáo Guì [曹劌] (fl. s. VII) era natural del reino de Lǔ [鲁], descendiente de Cáoshū Zhènduó [曹叔振鐸], el sexto hijo del rey Wén de la dinastía Zhōu. Fue un estratega y estadista y participó en la batalla de Zhǎngsháo [長勺] (684 a. e. c.), donde capturó al duque Huáng de Qí [齊桓公] (685-643 a. e. c.) y, a punta de cuchillo, le obligó a devolver las tierras que había arrebatado al reino de Lǔ (Sīmǎ Qiān, 1959, capítulo 86, pp. 2515-2516).

149. *Shuàirán* [率然]. Se trata del nombre de un ofidio mítico, que según el *Shuōwén jiězì* 《說文解字》 [*Comentario de caracteres simples y explicación de caracteres compuestos*] significa «red para cazar pájaros; red de seda con varas a modo de asas a uno y otro extremo» (Ramírez, 2006, p. 237). De igual modo, se conoce una descripción muy similar a la ofrecida por el maestro Sūn en el *Shényì jīng* 《神異經》 [*Libro de dioses y cosas extrañas*], que recoge Chén Xī en su edición de *El arte de la guerra* (2011, p. 204; para una traducción al español del mismo texto que ofrece Chén Xī, véase Ramírez, 2006, p. 237). Ramírez argumenta de forma acertada que el nombre se deriva de la habilidad de esta serpiente al cazar a sus presas por sorpresa, pero al mismo tiempo, dada la intención del texto de relacionarlo con el ejército, la mención de este animal mítico sería una equiparación entre las varas de la red y el frente, retaguardia y flancos izquierdo y derecho del ejército, que deben confluir al unísono para cercar al enemigo (2006, p. 237).

150. Aunque en su edición Chén Xī nombra el lugar donde habitaba la serpiente Shuàirán como el monte Cháng [常山], indica que en realidad es una modificación del nombre Héng [恒山]. Este cambio se debe al tabú del nombre del emperador, dado que el nombre personal del emperador Wén de la dinastía Hàn [漢文帝] (r. 180-157 a. e. c.) era Liú Héng [劉恆]. Por ello, el carácter *héng* no podía emplearse, y así fue sustituido por *cháng* (Chén Xī, 2011, p. 204; Ramírez, 2006, p. 237).

151. El texto alude claramente a la conflictividad crónica existente entre estos reinos meridionales que, como se ha indicado, mantuvieron enfrentamientos continuos hasta que, finalmente,

Yuè venció de forma definitiva a Wú (Hsu Cho-yun, 1999, pp. 563-564).

152. Existen dos modismos asociados a este texto: *tóng zhōu yù fēng* [同舟遇風], «el mismo barco se encuentra con el viento», que significa sufrir la misma adversidad (Luó Zhúfēng, 1994, vol. 3, p. 3513); pero, sobre todo, *tóng zhōu ér jì* [同舟而濟], «trabajar juntos para superar las dificultades», que es una cita literal del texto de *El arte de la guerra* (Wáng Jiànyǐn, 1997, p. 1273).

153. *Fāng mǎ mái lún* [方馬埋輪], «atar a los caballos y enterrar las ruedas», es una expresión que indica que se bloquean las escapatorias y se está resuelto a actuar de manera conjunta frente a un hecho, de modo que así se evitaría que los soldados desertaran (Chén Xī, 2011, p. 205; Galvany, 2002, p. 201; Ramírez, 2006, p. 238).

154. *Ěrmù* [耳目]. Aunque Minford traduce de forma literal, *to deceive their eyes and their ears* (2009, pp. 77, 287), en este caso, «orejas y ojos» deben entenderse como los sentidos del oído y la vista y, por extensión, se alude a todos los sentidos.

155. Esta oración ha generado los modismos *pò fǔ fén zhōu* [破釜焚舟] y *pò fǔ shěn zhōu* [破釜沉舟], «romper las ollas» y «quemar las naves», que en ambos casos significa que se lucha hasta el final, ya que se entiende que no hay más alternativa (Wáng Jiànyǐn, 1997, p. 908). Así pues, se hallan muy próximos a la expresión española «quemar las naves», entendida como la toma de una decisión irreversible y que obliga a luchar hasta las últimas consecuencias.

156. *Qūshēn* [屈伸]. Significa «flexión y extensión». En el contexto en el que estos términos se emplean debemos entender «flexión» como la retirada de las tropas, una táctica defensiva por parte del general, y «extensión» como el avance del ejército y una táctica ofensiva impulsada por el comandante.

157. *Jiāng* [將]. Tiene múltiples acepciones, como «general», la empleada con más frecuencia por el maestro Sūn. Pero también puede significar, como en este caso, «ayudar» o «guiar» (Luó Zhúfēng, 1994, vol. 4, p. 2542).

158. Aquí, el término *Tiānxià* [天下] se usa como una forma de

referirse al conjunto de principados que componían el mundo sinizado del periodo de Primavera y Otoño. Así pues, debemos entender la oración como que no busca alianzas con otros reinos.

159. Ramírez interpreta la frase en cursiva como un poema rimado, para lo que ofrece la reconstrucción fonética del periodo en el que fue escrito el texto (2006, p. 248).

160. *Fú* [符]. Se trataba de una tésera que servía como documento de identificación, cédula o salvoconducto, empleado en la antigua China. En el ámbito militar y diplomático, estas téseras se usaban a modo de credencial (Sevillano-López, «La Tésera-fu en forma de tigre de Du (杜虎符)», *Boletín del Archivo Epigráfico*, vol. 1, 2018, pp. 63-65). Sin embargo, en este caso, al asociarse con la frontera, la tésera-*fú* se emplearía de forma similar a como hoy día los visados o salvoconductos.

161. *Jiàn* [践]. El significado de este sinograma es «devastar» o «pisotear», lo que hace que, por contexto, sea más verosímil *chǎn* [刬], «abolir» o «descartar», como se interpreta en el comentario de Jiǎ Lín [贾林] (Ramírez, 2006, p. 250). Esta afirmación se corrobora con el comentario de Cáo Cāo.

162. Ramírez interpreta la frase en cursiva como un poema rimado, para lo que ofrece la reconstrucción fonética del periodo en el que fue escrito el texto (2006, pp. 249-250).

163. *Ibid.*, p. 251.

164. *Huǒ rén* [火人]. Una traducción literal de ambos caracteres sería «quemar a los hombres», y la podemos encontrar en Galvany (2002, p. 2005), Minford (2009, pp. 84, 304) o García-Noblejas (2022, p. 138). Pero si atendemos al comentario hecho por Chén Xī, una vez más el carácter *rén* estaría usándose no como «hombres», sino como «soldados», dado que se trataría de incendiar el campamento y con él a los soldados (2011, p. 220). Esta última interpretación es compartida por Ramírez (2006, p. 255).

165. Ramírez interpreta la frase en cursiva como un poema rimado, para lo que ofrece la reconstrucción fonética del periodo en el que fue escrito el texto (2006, pp. 256-257).

166. *Jī sù* [箕宿]. Antigua constelación china conocida como la Criba. La posición de la luna se corresponde con la última fase de las siete que conforman la primavera. La constelación de la Criba estaba compuesta por las estrellas γ Sgr, δ Sgr, ε Sgr, η Sgr, d Oph, 140G Oph, σ Ara, α Ara, β Ara, θ Ara. Minford, de forma imprecisa, ofrece los nombres de las constelaciones chinas por los de las constelaciones grecorromanas, de forma que *Jī sù* lo traduce por *Sagittarius* (2009, pp. 85, 306).

167. *Bì sù* [壁宿]. Antigua constelación china de la Muralla. La posición de la luna se corresponde con la última fase de las siete que componen el invierno. La constelación de la Muralla estaba compuesta por las estrellas γ Peg, α And, 73 Peg, 72 Peg, 78 Peg, 79 Peg, 85 Peg, ψ Peg, 83 Peg, HIP 117710, φ Peg, 86 Peg, 37 Psc 42 Psc, 43 Psc, 49 Psc, 48 Psc, 40 Psc, 39 Psc, 87 Peg, χ Peg, TV Psc, 46 Psc, 52 Psc, 52 Psc. Minford lo traduce por *Pegasus* (2009, pp. 85, 306).

168. *Yì sù* [翼宿]. Antigua constelación del Ala. Es una de las veintiocho mansiones de las constelaciones chinas y una de las mansiones del sur del *Zhūquè* [朱雀], o Ave Bermellón. La posición de la luna se corresponde con la sexta fase de las siete que componen el verano. La constelación del Ala estaba compuesta por las estrellas α Crt, γ Crt, ζ Crt, λ Crt, ν Hya, η Crt, δ Crt, ι Crt, κ Crt, ε Crt, HD 95808, HIP 53975, θ Crt, HIP 57587, HD 100219, β Crt, HD 99922, HD 100307, HD 96819, χ1 Hya, II Hya, HD 103462, 41 Sex, 39 Sex, b1 Hya, b2 Hya, b3 Hya, HIP 53963, HIP 54477, η Ant, ι Ant, q Vel, p Vel. Minford lo traduce por *Crater* (2009, pp. 85, 306).

169. *Zhěn sù* [軫宿]. Antigua constelación del Carruaje. Como la constelación del Ala, es una de las constelaciones chinas de las mansiones del sur del Ave Bermellón. Esta posición de la luna correspondería con la última fase de las siete que componen el verano. La constelación del Carruaje estaba compuesta por las estrellas γ Crv o Gienah, ε Crv o Minkar, δ Crv o Algorab, β Crv o Kraz, 21 Vir, 14 Vir, TY Crv o 31 Crt, 3 Crv, 6 Crv. Minford lo traduce por *Corvus* (2009, pp. 85, 306).

170. *Jīn* [金]. Este carácter puede designar tanto un término genérico para referirse al metal como nombrar de forma específica el

«oro», «bronce» o «cobre». Concretamente, se sabe que el cobre era un mineral muy abundante en el reino de Wú y que con él se acuñaron las monedas del periodo (Ramírez, 2006, p. 263). Por derivación, podía emplearse como un sinónimo de metal dorado o incluso de las monedas.

171. *Ài* [愛]. Aunque suele entenderse como «amar», en este caso se emplea con su acepción de «ser tacaño» o «ahorrar en algo».

172. *Bùrén* [不仁]. Es la falta de benevolencia o de humanidad. Para Confucio [孔丘], *rén* es uno de los pilares de la virtud del príncipe, su falta es un defecto importante, dado que se ha de gobernar por medio de esta virtud. Al mismo tiempo, encontramos que Mencio destacó 《孟子·公孫丑上》:「仁則榮, 不仁則辱。」 «La benevolencia conduce a la gloria del príncipe, la falta de benevolencia le conduce a la desgracia» (Mencio, 2013, capítulo 3, p. 68).

173. *Guǐ shén* [鬼神]. Puede traducirse como «fantasmas y espíritus», o «fantasmas y divinidades». Es una palabra relativamente frecuente en los textos antiguos, como en el *Lúnyǔ* 《論語》 (Confucio, 1980, 6.22, p. 61; 8.21, p. 84; 11.12, p. 113), pero destaca principalmente en el *Mòzǐ* 《墨子》, donde se dedica el capítulo 31 a este tipo de espíritus y llegan a emplearse las palabras *Guǐ shén* hasta cincuenta y ocho veces («El libro de Mozi», en Fāng Yǒng (ed.), Pekín, Zhōnghuá shūjú, 2011, capítulo 31, pp. 250-272), lo que muestra el peso que tenían en la religiosidad popular y las creencias defendidas por los moístas.

174. *Sǐ jiān* [死間]. He optado por su traducción literal, pero parece que por este nombre el maestro Sūn se refiere a los espías que pueden ser sacrificables o mantienen una actividad de tipo pasivo en el desempeño de sus funciones.

175. *Shēng jiān* [生間]. Como en el caso anterior, he preferido mantener el significado original de los caracteres. El autor podría hacer referencia a espías que, por algún motivo, interesa preservar o que mantienen una actividad de tipo activo. Como consecuencia, este «espía vivo» desempeñaría sus funciones de manera opuesta al «espía muerto».

176. De nuevo, el carácter *dào* debe entenderse en esta ocasión como «método».

177. *Shén jì* [神紀]. Se trata de un término compuesto en el que *shén* adquiere la función de un adjetivo y *jì* la de un nombre, de ahí su traducción como «hilo divino» o «red maravillosa» (Marco y Lee, 1998, p. 67). Así, hay traducciones similares a esta en Galvany, que lo vierte como «malla inescrutable» (2002, p. 210); Minford por «madeja misteriosa» (2009, p. 318), y Ramírez por «red intangible»; también puede interpretarse como un «arma mágica o poderosa» del monarca (Chén Xī, 2011, p. 235; Guō Huàruò, 2012, p. 352). Por su parte, Pián Yǔqiān explica este término como un equivalente a *dào*, entendido este como método (2007, p. 100), una interpretación muy próxima a la de T. Cleary, quien lo traduce como «genio organizativo» (*El arte de la guerra*, Madrid, Edaf, 2011, p. 122). Por otra parte, Ramírez destaca el parecido existente entre la oración del maestro Sūn [是謂神紀] y la recogida en el *Tao Te Ching* 《道德經》, i.e. [是謂道紀] (Lǎozǐ, 2014, capítulo xiv, p. 53; Ramírez, 2006, p. 265), que tradujo al español I. Preciado Idoeta como «a eso lo llaman la clave del Tao» (*Los libros del Tao. Tao Te Ching, Lao Tse. Edición y traducción del chino*, Madrid, Trotta, 2018, p. 413).

178. *Xiāng rén* [鄉人]. Significa «persona nativa del país». Se trata, por lo tanto, de un término muy genérico que en otros casos podía entenderse como un sinónimo de *dàfū* [大夫], o «alto funcionario». Dado que al describir a los agentes internos se habla de los funcionarios, en este caso se debe interpretar como *cūn fū* [村夫], o «aldeano».

179. *Yòng* [用]. Aunque en muchas otras ocasiones hemos preferido traducir este sinograma como «utilizar», también puede significar «emplear», como en este caso. Dado que los términos «emplear» o «contratar» pueden implicar en español un pago por el servicio prestado, se ajustan más a la realidad de los servicios de espionaje que verbos como «usar» o «utilizar».

180. *Shèng* [聖]. Se trata de un término de especial importancia en el pensamiento chino antiguo. Su traducción directa podría ser

«santo-sabio» y sirve para designar a un individuo considerado santo en tanto que es sabio, y que guía su vida por el cumplimiento de las virtudes. Así pues, se le identifica en muchos casos con la figura del buen gobernante, cuya sabiduría y virtud le hacen merecedor no solo del Mandato del Cielo, sino también de la admiración y respeto de sus súbditos, que aprenden de él imitando su comportamiento.

181. *Xìngmíng* [姓名]. Su traducción literal es «apellido y nombre de pila» o «nombre completo». La tendencia a anteponer el título o rango en la onomástica china hace que no todo el mundo tuviera por qué conocer el nombre completo, incluido el nombre de pila. De este hecho se deriva que la proximidad entre el espía y estas personas a las que alude la oración, y que abarcan los ámbitos público y privado del individuo al que se quiere espiar, sea obligatoria para alcanzar un conocimiento profundo del oponente. Así pues, se espera del espía que se infiltre hasta el ámbito más privado e íntimo de los individuos que rodean al enemigo al que se quiere derrotar.

182. *Zuǒyòu* [左右]. Aunque su traducción literal es «izquierda y derecha», se trata del criado, cortesano o gentilhombre que, por sus funciones, está muy próximo al señor al que atiende.

183. *Yè zhě* [謁者]. Se trata de quien presenta o introduce a los visitantes en palacio, lo que supone que se puede traducir por distintos cargos más o menos equivalentes, tales como «ordenanza», «secretario», «consejero» o «ayudante».

184. *Mén zhě* [門者]. Equivale a «portero», un oficial de bajo rango encargado de la custodia de las puertas de palacio.

185. *Shè rén* [舍人]. Su traducción literal es «hombre de los alojamientos». A lo largo de la historia fue un título cuasi oficial para parientes, escuderos o dependientes de dignatarios. Pero, en concreto durante el periodo Zhōu, se empleó para cargos de militares subalternos.

186. Yī Zhì [伊摯]. También conocido como Yī Yǐn [伊尹] (c. 1649-1549 a. e. c.), fue un colaborador del fundador de la dinastía Shāng o Yīn [殷] (c. 1600-c. 1045 a. e. c.), a quien ayudó a derrocar al último soberano de la dinastía Xià [夏] (c. 2070-c.1600 a. e. c.).

Gracias a su colaboración acabó ejerciendo las funciones de ministro tras la fundación de la dinastía Shāng (Sīmǎ Qiān, 1959, cap. 3, pp. 93-99).

187. Lǚ Yá [呂牙]. También conocido como Lǚ Wàng [呂望] (m c. 1015 a. e. c.), fue un noble chino que ayudó a los fundadores de la dinastía Zhōu a derrocar al último soberano de la dinastía Shāng en la batalla de Mùyě, tras la que desempeñó el cargo de ministro (Sīmǎ Qiān, 1959, capítulo 4, p. 120).